LA PULSIÓN NACIONALISTA

AF273464

Manuel Arias Maldonado es catedrático de Ciencia Política en la Universidad de Málaga. Es autor, entre otros, de *Antropoceno* (Taurus, 2018), *Desde las ruinas del futuro* (Taurus 2020) y *Ficción fatal* (Taurus, 2024). Es columnista de prensa y colaborador habitual de revistas culturales. Lleva un blog de teoría política y crítica cultural en *Letras Libres (Casa Rorty)* y otro sobre cine en *The Objective* (*Rancho Notoriou*s).

MANUEL ARIAS MALDONADO

LA PULSIÓN NACIONALISTA

EN DEBATE

Papel certificado por el Forest Stewardship Council®

Primera edición: noviembre de 2025

© 2025, Manuel Arias Maldonado
© 2025, Penguin Random House Grupo Editorial, S. A. U.
Travessera de Gràcia, 47-49. 08021 Barcelona

Diseño de la colección: PRHGE/Nora Grosse

Printed in Spain – Impreso en España

ISBN: 978-84-10433-71-7
Depósito legal: B-16.346-2025

Compuesto en La Nueva Edimac, S. L.

Impreso en Artes Gráficas Huertas
Fuenlabrada (Madrid)

C433717

Índice

Who is here so vile that will not love his country?

WILLIAM SHAKESPEARE, *Julio Caesar*

Introducción. Recurrencia del nacionalismo

Corren malos tiempos para el ideal cosmopolita: el protagonismo recobrado por el nacionalismo político en las últimas décadas constituye uno de los fenómenos más desconcertantes de la historia reciente. Habíamos supuesto que los desastres del siglo XX seguirían funcionando como una advertencia eficaz contra las tentaciones de la pertenencia agresiva en un mundo cada vez más globalizado; llegamos a creer que el fundamentalismo religioso representaba la principal amenaza contra las sociedades abiertas. Se trataba, como ya es evidente, de una creencia ingenua. Y solo ahora, tardíamente, salimos de nuestro estupor.

Da igual hacia qué dirección miremos: allí estará el nacionalismo. Es rampante en la Rusia poscomunista, donde adquiere contornos imperialistas bajo el puño de hierro del putinismo; ha resurgido en la India durante los mandatos presidenciales de Narendra Modi, quien ha empleado el hinduismo como seña de identidad en detrimento de la minoría musulmana; se ha intensificado en la poderosa China del personalista Xi Jinping. Pero también ha resurgido en Estados Unidos, donde el segundo mandato de Donald Trump se desarrolla bajo la premisa que con tanta elocuencia resumía su famoso eslogan de campaña: «Make America Great Again». Paradójicamente, la agresividad de Trump contra su vecino del norte ha hecho posible la victoria electoral del candidato liberal en las últimas elecciones generales: el orgullo nacional de los canadienses se ha rebelado contra el magnate que desprecia la soberanía de su país. ¡El nacionalismo llama al nacionalismo!

Pero aún no hemos terminado: el giro es reconocible en los gobiernos electos o el discurso de las fuerzas electorales que compiten por hacerse con el poder en países como Hungría, Alemania, Francia, Italia o México. Asimismo, se ha intensificado en el ámbito subestatal: aunque la Padania italiana ha pasado de moda y los nacionalistas vascos disfrutan de tales privilegios territoriales que no les conviene reclamar su independencia, el separatismo catalán se rebeló contra la democracia española durante el famoso *procés* y sus conmilitones escoceses llegaron a votar su independencia –perdieron– en un referéndum pactado con los conservadores de David Cameron. A su vez, estos últimos dieron alas al nacionalismo inglés sometiendo a voto la permanencia del Reino Unido en la Unión Europea: los *brexiteers* se alzaron con la victoria al grito de «Take Back Control!». Y, si bien el nacionalismo quebequés no atraviesa su mejor momento, la presidenta de Alberta ha amenazado con convocar un referéndum de secesión si el Estado central continúa interfiriendo en el rumbo político de la provincia.

Incurrirá no obstante en un error de perspectiva quien llegue a creer –sacudido por nuestro presente– que el nacionalismo había llegado a salir de escena; en el mejor de los casos, se había retirado a un segundo plano. Porque siempre estuvo allí, como tendremos ocasión de comprobar: en los procesos de descolonización que tuvieron lugar en Asia y África entre los años cincuenta y los setenta; en el resurgimiento de los nacionalismos irlandés y vasco, en ambos casos con recurso a la violencia armada, en el último tercio del siglo pasado; en la cruenta implosión de Yugoslavia tras la caída del telón de acero. Tampoco se ha derribado todavía el muro que separa a turcos y griegos en Nicosia, capital de la isla de Chipre, desde el año 1963. Y no faltan las minorías que son perseguidas en buena parte del mundo por quienes pretenden la homogeneización étnica de un territorio: los tutsis en Ruanda, los rohinyás en Birmania, los saharauis en Marruecos, los kurdos en Turquía, los uigures en China.

Para quien busque refugio en la Unión Europea, por último, conviene recordar que los soberanismos interiores ya frustraron en su momento –aquellos referéndums celebrados en Francia y Holanda– el proyecto de Constitución Europea liderado por Giscard d'Estaing. Así que el bienintencionado propósito de convertir Europa en la «patria» de los europeos se enfrenta a dificultades acaso insalvables, máxime cuando no son pocas las fuerzas políticas que apuestan por debilitar el poder de Bruselas y ni siquiera podemos establecer una distinción clara entre progresismo europeísta y conservadurismo soberanista: hay soberanistas en la izquierda, igual que hay europeístas en la derecha. Por otra parte, los nacionalismos interiores no siempre se manifiestan por la vía política; aunque las identidades culturales de los europeos suelen solaparse felizmente, no faltan quienes ven a

Europa como una entidad remota que no les despierta emoción alguna. Nada nuevo: hace apenas ochenta años que concluía la guerra civil europea que comenzó en 1914 y ese recordatorio debería bastarnos para celebrar con asombro lo mucho que la Unión Europea ha logrado desde el momento de su fundación.

Puede concluirse provisionalmente que –como señalara Isaiah Berlin– el nacionalismo satisface la necesidad humana de pertenencia y, por ello, carece de remedio concluyente; lo que ha regresado en nuestros días sería entonces la manifestación patológica del sentimiento nacionalista. Ahí está el peligro: en una pulsión agresiva que busca enemigos. Pero también aquí conviene respetar los matices, introduciendo en la ecuación la variable liberal-democrática. ¿Acaso no se mostraron agresivos los nacionalismos que se levantaron contra los imperios y las estructuras políticas del Antiguo Régimen durante los siglos XIX y XX en todo el mundo? Contradicciones doctrinales al margen, tales movimientos enarbolaron la bandera de la libertad democrática de formas distintas; su agresividad estaba al servicio de la emancipación, incluso allí donde esta última había de ser realizada –pensemos en la descolonización y en las insurgencias latinoamericanas– por medio del socialismo revolucionario.

Si hoy nos inquieta el retorno de los nacionalismos, también es porque viene acompañado de un ataque contra la integridad de las democracias liberales. A la vista de lo sucedido desde el estallido de la Gran Recesión, hemos dejado de confiar en ese relato optimista que empezamos a contarnos tras el derrumbe del comunismo soviético: la democracia estaba llamada a expandirse sin freno en el marco de una globalización que facilitaría la incorporación al orden liberal de cualquiera que deseara comerciar con el resto del mundo. Aquello no era ningún invento; la realidad ofrecía razones para pensar que el corto siglo XX –de 1914 a 1989– podía conducir a un nuevo escenario geopolítico. Pero llegaron el 11-S primero y la crisis financiera después, así como sus efectos políticos retardados: auge del populismo en el interior de las sociedades liberales, reforzamiento de los extremismos políticos, intensificación de los nacionalismos a izquierda y derecha. A veces, todo viene en el mismo paquete: el nacionalpopulismo puede adoptar una agenda extremista; los extremistas pueden adoptar un discurso nacionalista y recurrir al liderazgo populista como estrategia para alcanzar el poder. En la noche de la regresión democrática, todos los gatos son pardos.

Sucede así que todos ellos –populismo, extremismo, nacionalismo– tratan de llevar a la práctica una concepción «iliberal» de la democracia. O sea, una democracia en la cual se debilita la separación de poderes, los gobernantes cuestionan a jueces y periodistas, se socava el protagonismo de los parlamentos y se colonizan las instituciones estatales en beneficio del partido gobernante. Por lo general, quien ejerce así el poder apela a la legitimidad popular que se deriva de la victoria electoral; el componente democrático –o popular– de la democracia sirve como pretexto para la neutralización de sus componentes liberales: donde se ponga una multitud, que se quiten los tribunales de justicia. Pero la voluntad de devolver a la nación su viejo esplendor o de hacerla prevalecer ante sus enemigos rara vez queda fuera de la ecuación; el soberano que reclama poderes excepcionales para actuar eficazmente en un mundo confuso resulta ser a menudo un líder que moviliza sentimientos de agravio nacional. De manera que no solo corren malos tiempos para la lírica cosmopolita; también la prosa democrática ve hoy torcerse sus renglones. Y de ahí la creciente preocupación que experimentan quienes siguen creyendo que la democracia liberal y la sociedad abierta son la mejor forma de organizar la vida social: una herencia que lamentaríamos dilapidar.

Un elefante en la habitación

La cualidad recurrente del fenómeno nacionalista habría de causarnos embarazo; parece mentira que las sociedades humanas no hayan aprendido de su propia historia. Máxime cuando se cuentan por miles las páginas que se han dedicado al análisis del nacionalismo, observado desde múltiples puntos de vista por toda clase de disciplinas académicas. ¿O quizá no tanto? Tal como ha señalado Alexander Gat, ni el liberalismo ni el marxismo se han ocupado demasiado de él, y eso podría explicar la sorpresa con la que vivimos su periódica irrupción en la vida social. Las grandes teorías sociales de la modernidad carecen de las herramientas necesarias para dar cuenta de su pregnancia: ni el contractualismo liberal ni el materialismo histórico saben qué hacer con el nacionalismo. Y nosotros tampoco.

Para Bernard Yack, de hecho, la persistencia de la comunidad nacional sugiere que nos equivocamos al ver la modernidad como un giro hacia la autonomía moral y la elección individual; los pensadores comunitaristas que a finales del siglo pasado reclamaban al liberalismo más comunidad y menos individuo parecían andar detrás de una buena pista. Algo similar viene a decir John Kane, para quien el nacionalismo supone un sonoro desmentido de las construcciones intelectuales que han tratado de explicar los fundamentos del orden social: en lugar de asentarse sobre una teoría política de carácter racional, el nacionalismo parece extraer su enorme potencia movilizadora de pasiones irracionales o –cuando menos– carentes de una base puramente racional. Ya vimos dónde quedó la aspiración de construir una patria socialista sin patria nacional: Stalin fue el primero en apelar a la Madre Rusia para poner en marcha el esfuerzo bélico de unos rusos que se reconocían como tales antes que como proletarios o comunistas. También a los jóvenes norteamericanos los impulsaba el patriotismo en la lucha contra nazis y japoneses; es posible que solo el islamismo radical –pensemos en el Estado Islámico– haya conseguido prescindir de la retórica nacionalista a la hora de llamar a sus fieles.

La ambigüedad del sentimiento nacional es patente: en su nombre podemos sacrificar la vida o quitársela a los demás. Y así como exaltamos los símbolos nacionales, desde la bandera hasta el paisaje, podemos hacerlo de manera inclusiva o excluyente; el amor se convierte rápidamente en odio cuando defendemos nuestra *Heimat* ante lo que percibimos como amenazas a su integridad territorial o su identidad cultural. Esa misma doblez caracteriza al Estado nación, que constituye el anhelo habitual de cualquier nacionalismo: puede estar asociado a la idea de la soberanía popular o la lucha por la descolonización, pero también servir de herramienta a quienes imponen una concepción etnocéntrica de la comunidad nacional. Incluso es posible que los nacionalistas sean primero liberales y luego lo contrario; una vez retirado el obstáculo que impedía el autogobierno, este puede adoptar un tinte autoritario mediante políticas de nacionalización forzosa poco respetuosas con las minorías. No hace falta recordar el papel determinante que estas últimas han desempeñado en la historia europea de los últimos dos siglos: sometidas a la asimilación cultural forzosa practicada por la mayoría dominante, reclamadas para sí por la potencia exterior donde su cultura es mayoritaria, expulsadas del país donde vivían con fines de limpieza étnica.

Por otro lado, el nacionalismo es una ideología –o algo parecido a una ideología– que parece contradecir la orientación general de la modernidad. Esta introduce un régimen de «futuridad» en la historia humana: el manual ilustrado nos enseña que el uso de la razón nos permite mejorar gradualmente las sociedades; el pasado apenas es una curiosidad llena de supersticiones. Pero el propio nacionalismo es un fenómeno moderno, pese a que no esté tan claro que la nación también lo sea. Javier Fernández Sebastián nos ha explicado que la modernidad es una época en la que se multiplican las tradiciones y, más en particular, esas «tradiciones electivas» mediante las cuales diferentes colectivos se fabrican «pasados a la carta» por el sencillo procedimiento de seleccionar los elementos históricos o culturales que más les convienen. Aunque la modernidad se legitime apelando al futuro, lo que quiere decir prometiendo el paraíso terrenal al final de la historia, el nacionalismo depende del pasado y nos remite constantemente a él. Claro que no lo hace a la manera del conservador que se resiste al cambio histórico, sino que trata de redirigirlo a su favor. En palabras de Elie Kedourie, «los nacionalistas utilizan el pasado para subvertir el presente». Y lo consiguen.

Dicho esto, la recurrencia del nacionalismo no debería extrañarnos tanto: el individualismo liberal no atraviesa su mejor momento en un mundo plagado de identidades colectivas que a menudo se solapan entre sí. A primera vista, el llamado «identitarismo» y las correlativas «políticas de la identidad» vienen a confirmar la fuerza que poseen las adscripciones grupales; el individuo necesita participar de doctrinas compartidas que den sentido a su existencia y le proporcionen un mapa del mundo. Mas pudiera ser que las identidades colectivas hayan tenido fuerza en todo momento y que el individualismo liberal nunca fuese tan exitoso como llegamos a creer: el ejercicio de la autonomía moral por parte de un sujeto original desvinculado de las tradiciones siempre fue, hasta cierto punto, una ilusión. ¡También el cosmopolitismo es una identidad! En este caso, como veremos, la clave radica en cuáles son –cómo son– las identidades colectivas a las que nos adscribimos. Y entre ellas se cuenta una identidad nacional que puede concebirse de distintas maneras; a estas alturas del drama histórico de la modernidad, ese es el único argumento de la obra.

Este breve libro se ocupa de un tema que reviste una formidable complejidad; sus páginas han de entenderse como una exploración que no quiere decir la última palabra: acaso nadie pueda llegar a decirla nunca. Téngase en cuenta la dificultad que comporta elucidar lo que sean la nación y el nacionalismo; la observación del fenómeno está condicionada por la perspectiva del observador y por la confusión interesada que generan las descripciones que proporcionan los mismos nacionalistas. Su estudio parece requerir el concurso de historiadores, teóricos políticos, sociólogos, antropólogos y aun psicólogos; cada una de sus disciplinas suministraría un conocimiento valioso. Pero no es un conocimiento desencarnado: vivimos en sociedades donde se entretejen las aspiraciones normativas y los intereses prácticos, en los que coexisten diferentes visiones de la identidad nacional en el marco de la competencia partidista y donde, en fin, incluso el más imparcial de los académicos es a veces víctima del prejuicio sentimental o la contaminación ideológica. Y, con todo, no hay más remedio que ponerse a trabajar; el elefante continúa donde estaba.

He organizado estas páginas de la siguiente forma. En primer lugar, repaso la trayectoria del nacionalismo en el curso de la modernidad; solo podemos hacernos una idea cabal del debate contemporáneo sobre la nación y el nacionalismo dando noticia de sus raíces teóricas en la Ilustración europea y describiendo someramente sus manifestaciones históricas. A continuación, me ocupo de la psicopolítica de la nación: intento determinar cómo pueden explicarse el nacionalismo y la nación con ayuda de los conceptos proporcionados por historiadores y teóricos políticos. Son disyuntivas cruciales: si el Estado produce la nación o sucede justamente al revés; si podemos diferenciar entre la nación cívica y la nación étnica; si el sentimiento de pertenencia nacional es una inclinación cultural o un rasgo psicobiológico del ser humano. En el capítulo siguiente se aborda la autodeterminación nacional: ¿quién puede secesionarse, por qué razones, bajo qué condiciones? El fallido *procés* soberanista, en el que se invocó el famoso «derecho a decidir» y llegó a proclamarse brevemente la independencia de la república catalana, reavivó en nuestro país la discusión al respecto. No obstante, el último capítulo se pregunta si no hay mejores soluciones; si no sería posible neutralizar o reconducir esa pulsión nacionalista que con triste frecuencia envenena la convivencia humana y aun desvía trágicamente en ocasiones el curso de la historia.

Presento aquí algunas ideas que, en forma distinta, aparecen prefiguradas en trabajos anteriores. En la voz «Nación» del *Abecedario democrático* (Editorial Turner, 2021) exploré la distinción entre nación *étnica* y cívica; en el artículo «Nacionalismo, secesionismo y democracia», publicado en marzo de 2018 en la revista *Letras Libres*, me ocupé de los argumentos sobre la secesión democrática; en «La pulsión nacionalista», que apareció en la revista *Ethic* en junio de 2024, expuse de manera telegráfica las premisas que desgrano en las páginas que siguen. Fue a raíz de la sugerencia de mi editor, Miguel Aguilar, cuando me animé a profundizar en ellas bajo la forma del ensayo; quede constancia de mi agradecimiento. Y una última nota: en lugar de hacer llamadas bibliográficas a pie de página, he preferido agrupar al final del libro las referencias de los autores que en él se citan, para facilitar con ello la lectura.

1. Trayectorias nacionalistas

De acuerdo con una tesis bien asentada, que el historiador José Álvarez Junco ha defendido con vigor, la nación española no nace hasta que los españoles se rebelan contra el invasor francés allá por 1808. Porque las naciones son un producto de la modernidad que –sencillamente– no existía anteriormente: si los franceses habían tomado las armas en nombre de la libertad en 1789, inaugurando un siglo de revoluciones y contrarrevoluciones, los españoles tomaron conciencia de sí mismos expulsando a unos vecinos que se dedicaban a invadir países bajo el mando de ese déspota singular –Napoleón Bonaparte– que con una mano desenvainaba la espada y con la otra enarbolaba un Código Civil. Bien. Pero, si la nación española no existe hasta 1808, ¿qué cosa es esa «España» que aparece en el *Quijote*, acaso la primera novela moderna, dos siglos atrás?

A esa pregunta puede responderse diciendo que España solo era un imperio sin conciencia nacional; el imperio que resulta de la unión de los reinos peninsulares –a excepción de los portugueses– bajo los auspicios de las coronas de Castilla y Aragón. Su base ideológica es universal –católica– antes que nacional. Paradójicamente, la expansión imperial facilitará la conformación de identidades nacionales en los territorios dominados por España: los holandeses toman pronta conciencia de sí mismos resistiendo a la potencia que los somete. De manera que España es un imperio temprano y una nación tardía, todo ello sin haber dejado de ser «España» desde finales del siglo xv. Pero cuidado: aun sostiene José Luis Villacañas que la restauración monárquica de 1812 aborta el nacimiento de la nación proclamada en las Cortes de Cádiz, a resultas de lo cual España nunca ha sido una nación en sentido propio, como a su juicio vienen a corroborar las tensiones territoriales que sufrimos desde tiempo inmemorial.

Sin embargo, es llamativo que esa España donde se habla la misma lengua desde el siglo xiii haya de considerarse una nación «frustrada» y, sin embargo, contemplemos a Francia como una nación «lograda» –la nación por antonomasia– pese a que la mayoría de sus habitantes todavía desconocían el francés cuando triunfó la revolución. Solo un descomunal esfuerzo estatal, desplegado a lo largo del siglo XIX y descrito magistralmente por Eugen Weber, logra convertir a los *paysans* en *citoyens*. Tal como nos ha recordado Joaquín Abellán, fue la Tercera República la que implantó un sistema de educación pública obligatoria y gratuita que persiguió con éxito la enseñanza de la lengua francesa y el conocimiento de la historia nacional; en ese tercio final del siglo XIX se establecen asimismo la *Marseillaise* como himno de la República y el 14 de julio como fiesta nacional. De hecho, el relativo éxito francés contrasta con las dificultades con que se encontraron los italianos cuando quisieron hacer algo parecido tras la victoria del movimiento garibaldino: por más que todos los italianos hablen italiano, no todos ellos se sienten italianos a la manera en que casi todos los franceses se sienten franceses. Y aun cabría preguntarse si la Francia posrevolucionaria, que se convierte en imperio y conoce una restauración que debilita su componente democrático, no dejó en ningún momento de ser nación: lo que vale para España, ¿no vale para Francia?

Téngase en cuenta que la palabra *natio* designa todavía en torno a 1750, bien a un grupo de personas con un origen común, bien a los habitantes de una provincia o reino; Maquiavelo hablaba de los monjes como de la «nación piadosa» y los moriscos del *Quijote* se dicen nación. Hacia 1850, en cambio, hablar de nación ya es hacerlo de una colectividad de ciudadanos de un mismo Estado; ciudadanos que tienen una historia compartida y son sujetos de atribución de la soberanía popular. Tal como se verá enseguida, esto no conduce de manera automática al surgimiento espontáneo de nuevas naciones en todas partes; se abre con ello más bien un escenario lleno de conflictividad para cuyo recto entendimiento echamos mano de nociones –imperio, nación, pueblo, etnia– que no siempre ofrecen la claridad necesaria. Pero lo determinante es que durante la transición a la modernidad –intervalo que Reinhart Koselleck llama *Sattelzeit* o «tiempo de umbral»– se producen transformaciones conceptuales que animan el proceso histórico y abren nuevas posibilidades para los actores que operan en él.

¿Y cómo es que tiene lugar un desplazamiento semántico tan vertiginoso en un periodo tan corto? Si la palabra «nación» cambia de significado, se debe a la irrupción histórica del nacionalismo: la doctrina conforme a la cual el único gobierno legítimo es el autogobierno nacional. ¿Y de dónde viene, a su vez, el nacionalismo? Sorpresa: no podemos entender la irrupción del nacionalismo sin tomar en consideración los postulados de la Ilustración. Porque el pensamiento ilustrado es creador de novedades: la premisa según la que el ser humano puede ejercitar la razón en lugar de dejarse guiar por la superstición o las tradiciones alienta la expectativa de que la sociedad será capaz de transformarse a sí misma por medio de la reforma o la ruptura. Es una expectativa que la Revolución francesa vino a ratificar, demostrando que el cambio político era factible y modificando de golpe el ánimo del continente. No en vano, Kedourie habla de «una tendencia a la intranquilidad política» que se materializa en las distintas oleadas revolucionarias: en la Europa de 1820 y 1848, así como en Iberoamérica entre 1807 y 1834.

Hete aquí que el futuro se había convertido de la noche a la mañana en un emocionante campo de batalla; no había ninguna razón por la que todo hubiera de seguir igual. Esta voluntad de cambio se expresó en conceptos nuevos orientados hacia el porvenir, lo que contribuyó a modificar la percepción del orden establecido. Fernández Sebastián habla de conceptos «centauros» que sirven de transición entre dos mundos: dado que la soberanía era un atributo regio, por ejemplo, empezó a hablarse de «soberanía nacional» a fin de transferir a la nación la fuente de la legitimidad del poder público. Simón Bolívar se refirió a ella en su discurso de Angostura de 1819, aunque la mayor parte de las constituciones hispanoamericanas hablarían de una «soberanía popular» –así lo hace la Constitución de Cádiz en 1812– ejercida por los representantes electos. Frente a la querencia rousseauniana por el asamblearismo, las tesis de Benjamin Constant y los *founding fathers* norteamericanos ganaron la partida: no se quita al rey para poner a un Robespierre.

Pero también el nacionalismo hunde sus raíces en el pensamiento ilustrado y obtiene su fuerza persuasiva de los argumentos defendidos por los *philosophes*, en el bien entendido de que las Luces son un complejo movimiento filosófico lleno de contradicciones y matices. Téngase en cuenta además que ni el nacionalismo ni la nación fueron ni podían ser para los europeos del siglo XIX lo mismo que son hoy para nosotros: nosotros vivimos *después* de que el nacionalismo haya triunfado y desplegado sus ambiguos efectos; ellos se desenvolvían en unas sociedades donde los principios democráticos y liberales apenas *empezaban* a abrirse paso. Bajo esas condiciones, la nación podía socavar las estructuras imperiales y oponer a las dinastías europeas una nueva forma de justificación del gobierno: una legitimación popular vinculada afectivamente a aquellos rasgos culturales que compartían los miembros de las naciones de nuevo cuño y que cualquier individuo podía entender. El historiador Christopher Clark lo ha expresado con acierto: « «La senda hacia una forma más plena de nación fue para mucha gente la única vía imaginable hacia el futuro». De ahí que liberalismo y nacionalismo fueran aliados antes de convertirse en rivales; ambos luchaban contra un enemigo común apoyándose –doctrinal y políticamente– en el otro. Todos ganaban: la lealtad a la nación reforzaría el principio liberal de la legitimidad popular; la legitimidad popular descansaría sobre la nación.

Hay más, sin embargo. Tal como ha subrayado John Kane, el nacionalismo moderno debe mucho a ese barón de Montesquieu que publicó *Del espíritu de las leyes* en 1748. El aristócrata francés razona en sus páginas que la preservación de la sociedad –obligados como estamos a vivir con los demás– debe entenderse a modo de un principio de justicia, lo que nos fuerza a conservar el gobierno del que esta sociedad depende. Pero ni la sociedad ni el gobierno pueden ser preservados en ausencia de amor cívico, sigue Montesquieu; a su fomento habrán de dedicarse por igual padres y escuelas. Su reflexión no ha pasado de moda: doscientos cincuenta años después, el filósofo norteamericano Richard Rorty escribía que el orgullo nacional es una condición necesaria para la mejora de cualquier sociedad. Montesquieu, como Rorty, era cosmopolita; sabía que hacer hincapié en el particularismo va en detrimento de la moral universalista que nos obliga a tratar con justicia a cualquier ser humano con independencia de su origen. Aun cuando su solución a este problema pueda parecernos inane, ya que Montesquieu apenas nos recomienda evitar las versiones extremas del patriotismo, todavía no hemos encontrado ninguna mejor.

Menos cuidadoso se mostró Rousseau, para quien la nación está constituida por los ciudadanos que conforman el pueblo soberano y viceversa. Su concepción de la soberanía popular es radicalmente democrática: el ginebrino propone un cuerpo político formado por ciudadanos comprometidos que acuden a las asambleas donde se perseguirá el bien común mediante la decisión colectiva. Pero si la nación es funcional en la democracia, se pregunta, ¿cómo establecer las naciones una vez que la fuerza homogeneizadora del comercio ha acabado con las identidades culturales prepolíticas? Nótese que la tesis según la cual el intercambio comercial mina la autenticidad de la cultura lleva varios siglos en circulación: Rousseau publica sus *Consideraciones sobre el gobierno de Polonia* en 1771. En todo caso, el franco-suizo concluye que el tipo de ciudadano que necesita la democracia solo puede nacer si el poder público despierta el fervor nacionalista mediante la educación cívica y los rituales públicos: hoy como ayer.

Nacionalismo romántico y desorden político

Al igual que De Maistre o Burke, aunque por razones distintas, Herder rechazaba la idea de que la sociedad pudiera originarse en un contrato social que ponía fin al estado de naturaleza: los seres humanos son esencialmente lenguaje, y el lenguaje presupone la existencia de la sociedad. Solo podemos ejercitar nuestra razón gracias a él; la cultura en la que nacemos, a su vez, da forma a nuestra subjetividad. Y dado que el lenguaje se transmite por medio de la comunidad, el hecho de que haya múltiples lenguas implica la existencia de múltiples comunidades socioculturales; cada una de ellas es lo que Herder llama *Volk* o «nación». Ahora bien, Herder sigue siendo un ilustrado y niega que haya naciones *superiores* a otras; aunque cada cultura tenga su *Volksgeist*, la especie humana es una sola y goza de una «noble constitución» que orienta a los individuos hacia la razón y la libertad. Y aunque el alemán descartaba que hubiera un único principio de gobierno universalmente válido, rechazaba por igual la homogeneización practicada por reyes o imperios; a su juicio, cada *Volk* debía gobernarse como desearan sus miembros.

Todo eso suena bien: a la manera de un universalismo que se expresase mediante acentos particulares. Salta a la vista, sin embargo, que tales ideas son fácilmente adulterables: un etnonacionalista tal vez invoque a Herder para sostener que cualquier comunidad cultural goza del derecho a la autodeterminación. Y, por cierto, el mismísimo Kant refuerza sin querer esta idea cuando afirma que solo hemos de obedecer la ley moral que nos damos a nosotros mismos mediante el ejercicio de nuestra autonomía. Porque lo que vale para el individuo bien puede valer para una colectividad: ¿por qué habría un pueblo de someterse a una ley que no ha promulgado?

Decisiva para la gestación del nacionalismo será por ello la contribución de otro idealista alemán, Fichte, quien convertirá la lengua en prueba de existencia de la nación. Sostiene Fichte que la esencia del verdadero patriotismo es el esfuerzo de cada nación cultural por enarbolar la antorcha de la razón de acuerdo con sus capacidades, entregándosela a otra cuando estas últimas queden ya agotadas: como si la historia universal fuese una carrera de relevos. Así que la nación se define por la lengua, pero todas ellas comparten un objetivo universal: hacer superfluo el gobierno una vez que se alcance la armonía universal. Hasta aquí, de nuevo, la Ilustración. Pero el plan se trunca cuando los principados alemanes son invadidos por las fuerzas napoleónicas: un enardecido Fichte proclama entonces la *superioridad* de la lengua alemana, cuyas prosapia y pureza la hacen especialmente apropiada para la práctica de una filosofía llamada a realizar el ideal universal. Así que solo el *Volksgeist* alemán es digno de tal nombre; los pueblos contaminados por la influencia extranjera se ven privados de un auténtico carácter nacional.

Hoy sabemos que la combinación de todas estas ideas solo podía generar el mayor de los desórdenes en la Europa de su tiempo y aun más allá. No solo se afirmaba que el mundo está dividido por naturaleza en naciones lingüísticamente identificables, sino que se daba por supuesto que la nación es la única titular de la soberanía y que el gobierno democrático desempeñado por el pueblo goza en exclusiva de la legitimidad necesaria para ejercer el mando. Pero, como ha señalado Christopher Clark en su estudio sobre las revoluciones de 1848, los mapas mentales de los patriotas no coincidían en absoluto con la geografía política del continente. Allí donde prospera el nacionalismo, en consecuencia, los problemas son inevitables: se tienen por artificiales las fronteras que separan a quienes hablan la misma lengua; quienes hablan la misma lengua se sienten atraídos hacia «su» nación vivan donde vivan; la unidad política del Estado puede verse perturbada en las naciones donde se hablen varias lenguas. Y los ejemplos abundan.

Pensemos en los croatas que vivían bajo el Imperio de los Habsburgo: aunque Croacia pasó a formar parte de Hungría en el año 1102, su reino gozaba de cierta autonomía y contaba con medio millón de croatahablantes. Se la gobernaba desde lo que hoy es Bratislava, sede de la Dieta húngara, a la que los estados croatas mandaban a sus representantes. Pero fuera del reino de Croacia, en esa Eslavonia cuyo nombre parece sacado de un tebeo de Tintín y que no debe confundirse con la actual Eslovenia, vivían más de ciento sesenta mil hablantes de dialectos croatas; en Dalmacia, territorio gobernado por Viena, habitaban otros trescientos mil; en Istria u otras zonas de Hungría tampoco faltaban croatahablantes. ¿De qué manera podía articularse una hipotética nación croata sin hacer saltar por los aires el mapa imperial? Algo parecido sucedió con los alemanes dispersos por la Europa central y oriental en el siglo XIX, como pone de manifiesto Kedourie cuando recuerda lo ocurrido tras triunfar la Revolución de 1848: convocada en Frankfurt una Asamblea Parlamentaria del Imperio alemán llamada a reformar el país, los asistentes se encontraron con que los polacos demandaban la autonomía de sus diferentes regiones, repartidas entre Rusia, Austria y Prusia: por aquel entonces, Polonia carecía de soberanía territorial. Sin embargo, en esas regiones vivían asimismo minorías alemanas: ¿qué hacer con ellas? Los revolucionarios se negaron a que los administradores polacos pudieran gobernar sobre sus compatriotas: una cosa es predicar y otra dar trigo.

Se puso así pronto de manifiesto que la reivindicación *filosófica* de la diversidad nacional poco tenía que ver con la constitución *política* de estados nación en los que el poder público ejerce su soberanía sobre un territorio con fronteras bien delimitadas. Para Max Weber, de hecho, lo que distingue la nación de otras colectividades humanas es la aspiración a la estatalidad: la nación es una comunidad de sentimiento que tiende a proveerse de un Estado propio. Y formar estados sobre la base de naciones lingüísticamente homogéneas resultó ser una tarea problemática, incompatible con el funcionamiento ordenado de una sociedad internacional. Pero hay que tener presente que el siglo XIX fue todavía un siglo peculiar: desaparecidas las ciudades autónomas de estirpe republicana –como Venecia o Ginebra– y privadas las grandes comunidades religiosas de una soberanía territorial digna de tal nombre, en el tablero internacional solo figuraban los viejos imperios y los nuevos estados nacionales. Según nos ha recordado Jürgen Osterhammel, sería por ello un error pensar que el único acontecimiento del siglo XIX es el ascenso del orden estatal en detrimento de unos imperios declinantes; estos últimos conocieron todavía una notable expansión y los frutos de la oleada nacionalista no madurarían hasta el siglo siguiente. No se olvide tampoco que algunas minorías étnicas mantuvieron su cohesión viviendo allí donde les dejaban –judíos, armenios, kurdos, romaníes– y que los pueblos nómadas siguieron estando muy presentes en África, Asia y Oriente Medio hasta finales del siglo XIX. Durante el último tercio del XIX y el primero del XX, por lo demás, la emigración europea a América del Norte y del Sur fue de una magnitud extraordinaria.

Sucede que las obvias diferencias entre imperios y estados nacionales se atenuaron durante este chocante periodo de transformaciones culturales y políticas. Naturalmente, los conceptos difieren porque las realidades difieren: los imperios subrayan la heterogeneidad y establecen jerarquías de derechos entre sus habitantes, organizándose de manera radial y legitimándose desde arriba gracias a la integración de su élite cultural; los estados nacionales se legitiman desde abajo, sobre la base de una historia compartida y la tendencia hacia la homogeneidad cultural, reconociendo, sin embargo, derechos a todos sus ciudadanos por igual. Para el nacionalismo, los imperios son un artificio; su alianza con el liberalismo sirve tanto para combatirlos como para desmantelar la estructura política del Antiguo Régimen. Algunos imperios se mantuvieron incólumes hasta su espectacular colapso en la segunda década del siglo XX: el otomano, el ruso, el austrohúngaro. Pero todos experimentaron tensiones crecientes debido a las demandas de autonomía o independencia formuladas en su interior: en los Balcanes, en el Cáucaso, en Europa central. Ahí estaban los serbios y los griegos, en lucha contra los turcos; más al norte, los polacos se levantaban infructuosamente contra Rusia, cuyo zar fue descrito por el gran novelista Joseph Conrad como «una figura de pesadilla que se aposenta en un monumento de miedo y opresión».

Por su parte, Francia pasó de nación republicana a potencia imperial de la mano de Napoleón; una vez derrotado el fulgurante corso, las potencias establecidas trataron de restaurar el orden en el Congreso de Viena, en 1815. Daban con ello la razón a los revolucionarios que formulaban un sencillo silogismo: los gobiernos serían *populares* cuando fueran *nacionales*; liberalismo y socialismo solo podrían triunfar de la mano del nacionalismo. El viejo orden monárquico aguantó a duras penas la oleada de 1848 y dio paso enseguida a las unificaciones de Alemania (en torno a Prusia) e Italia (para desgracia de un *mezzogiorno* desaventajado desde entonces) por efecto de la presión burguesa en favor de un orden político más eficiente. Y mientras que España perdió todas sus posesiones de ultramar en el curso del siglo XIX, cediendo Cuba y Filipinas ante el empuje de unos Estados Unidos que comenzaban su sutil –casi clandestina– carrera imperial, otras naciones prosiguieron con su expansión colonial: los británicos salieron de Afganistán y consolidaron su mando en la India y en Birmania; Francia se retiró de México, pero se hizo con Argelia e Indochina (constructo formado por

Vietnam, Camboya y Laos). Nadie se quedó parado: Bélgica penetró en el Congo y Holanda en Java; Portugal perdió Brasil para ganar Angola y Mozambique; de todos los países africanos, solo Liberia y Etiopía conservarían su independencia. En cuanto a Japón, que apenas había empezado a ser una nación moderna con la Restauración Meiji a partir de 1868, lanzaría una cruenta política imperialista tras derrotar a Rusia en 1905: conquistó Corea en 1910 y Manchuria en 1931.

Es sabido que el colonialismo es un derecho del más fuerte, cuya siniestra originalidad radica en presentarse como una empresa «racional» ante los propios oprimidos. Kathleen DuVal ha señalado que la obsesión ilustrada por las taxonomías dio lugar a la noción de «raza» en el siglo XVIII, de manera que imperios y naciones pusieron en práctica las jerarquías raciales correspondientes: al hombre blanco le tocaba asumir la «carga» –por decirlo al modo del Rudyard Kipling de la exhortación a los norteamericanos– de civilizar a las razas inferiores. Pero hubo colonias sin imperialismo, como el Congo Belga, posesiones personales como la Sudáfrica de Cecil Rhodes y compraventas como las de Luisiana y Alaska; igual que hubo un imperialismo sin imperio, que fue el practicado por los estados nacionales con objeto de expandir sus fronteras o hacerse con recursos naturales. Inversamente, la mayor parte de los imperios había vivido a finales del siglo XIX –cito a Osterhammel– un fuerte proceso de nacionalización: su soberanía territorial perdió alcance mientras surgían por todas partes nuevos estados de base nacional. Fueron, sin duda, tiempos interesantes.

Ocaso imperial y nacionalismo antiliberal

Hasta la oleada descolonizadora que se abrió tras la crisis de Suez en 1956, sin embargo, la era imperial no terminó de cerrarse. O sea: aunque el siglo XIX fue nacionalista, la emergencia de esta nueva mitología política no condujo a la universalización del estado nacional. Veamos: salvo excepciones como la de los egipcios, la lucha por los estados nacionales propios en Asia y África tendría lugar ya en el siglo XX; en el continente europeo, Bulgaria logró su independencia tras la revuelta de los Jóvenes Turcos en 1909, mientras que Polonia, Hungría e Irlanda la alcanzaron tras la Primera Guerra Mundial. Ciertamente, tuvieron éxito naciones emergentes como Italia y Alemania, además de Grecia, Serbia o Bélgica. Peculiares fueron las experiencias de Suiza y Países Bajos, donde regiones o cantones que habían sido autónomos adoptaron la forma nacional; Suecia y Noruega se separaron pacíficamente en 1905. Poco después, Canadá, Australia y Nueva Zelanda dejarían de ser consideradas colonias tras su esfuerzo en la Primera Guerra Mundial del lado del Imperio británico: una suerte de manumisión nacional.

Nadie ignora que la Gran Guerra estalló en buena medida a causa de problemas *nacionales* relativos a la gestión de las minorías: los austriacos temían que el irredentismo eslavo de base serbia pusiera al Imperio en peligro. Para colmo, el presidente norteamericano Woodrow Wilson proclamaría durante las negociaciones posbélicas de Versalles, allá por 1919, la vigencia del principio de la autodeterminación nacional de los pueblos. Apoteosis de las buenas intenciones: si Wilson pensaba en términos *americanos* respecto al derecho a la representación política, sus interlocutores *nacionalistas* veían las cosas de manera distinta, e incluso el joven Ho Chi Minh –que andaba por allí– extrajo lecciones que aplicaría décadas más tarde en las guerras de Indochina y Vietnam. Y si se trataba de facilitar la autodeterminación de los pueblos dominados por el Imperio austrohúngaro, a los que se consideraba titulares del derecho a gobernarse democráticamente, ¿qué pueblos o etnias tenían derecho a la nacionalidad y cuáles habían de integrarse como minorías en un Estado nacional ajeno? También la caída del Imperio otomano trajo cola: la nueva Turquía liderada por Mustafa Kemal Atatürk perpetró el genocidio de los armenios, y el primer ministro griego Elefthérios Venizélos convenció a sus pares en Versalles de que su país tenía derecho a constituir una suerte de Gran Grecia que comprendía la Tracia Oriental y la región de Esmirna, en cuya ciudad epónima desembarcaron las tropas griegas so pretexto de liberar a la minoría helena que había vivido allí bajo el dominio otomano.

El panorama era muy distinto en África, donde las entidades heteróclitas anteriores al colonialismo habían dejado paso a cuarenta regiones administradas por las potencias europeas y la descolonización no empezó hasta 1951, momento en que apenas eran independientes Egipto, Etiopía y Sudáfrica.

Lo mismo sucedía en Oriente Medio, donde la disolución del viejo Imperio otomano desembocó en la creación de «mandatos» supervisados por la Sociedad de Naciones y repartidos entre Francia y el Reino Unido; su aplicación terminó siendo más colonial que poscolonial y de ahí saldrían países carentes de la conciencia nacional requerida para la consolidación de la estatalidad: Irak en 1932, Siria en 1945, Líbano y Jordania en 1946. Argelia no ganó su independencia hasta 1962, tras librar una cruenta guerra con Francia; Túnez y Marruecos la habían alcanzado seis años antes por medio de un tratado que disolvía sus respectivos protectorados. Pero ahí tenemos a los saharauis, abandonados por España después de la Marcha Verde organizada por Hassan II; Marruecos proclamó una soberanía que las Naciones Unidas no han reconocido todavía. Al igual que sucedió en 1848 con los revolucionarios alemanes contrarios al gobierno polaco sobre sus compatriotas, el principio de autodeterminación anticolonial no se extendió a los grupos separatistas en el interior de las nuevas fronteras, y en lugares como Nigeria o Sudán el resultado fue una cruenta guerra civil.

También en Asia la emancipación nacional es posterior a la Segunda Guerra Mundial, si bien basta ver la composición étnica de un país como Indonesia –donde viven 300 grupos étnicos, se hablan 270 idiomas y los javaneses son mayoría con apenas el 40 por ciento de una población de 281 millones de personas– para percatarnos de la incongruencia de cualquier pretensión de nacionalidad a la europea. Y la India, que se independizó del Reino Unido en 1947, se partió enseguida en dos con la fundación de Pakistán al año siguiente –una partición cuya puesta en práctica causó un millón de muertos–; y este último país conocería además la escisión de Bangladesh en 1971. En otros casos, la devolución de la soberanía por parte de la metrópoli se retrasó considerablemente: Hong Kong regresó a China en 1997 tras 156 años de dominio colonial y Macao dejó de ser portuguesa –sin haber sido nunca otra cosa que china desde el punto de vista cultural– dos años después. Es obvio, en suma, que la historia colonial debe ser tomada en serio: se trata de una experiencia crucial de la modernidad.

Acaso la principal excepción al patrón global sea esa América española que conoció la independencia de sus virreinatos –convertidos en repúblicas– a lo largo del siglo XIX. Las revoluciones atlánticas empezaron en 1760: Haití se independizaría de Francia por medio de una inédita revuelta antiesclavista en 1804, y pronto nacerían Argentina, Chile, Uruguay, Paraguay, Perú, Bolivia, Colombia, Venezuela y ese México donde el archiduque Maximiliano trató de fundar un imperio antes de acabar fusilado; luego sería el turno de Brasil, Ecuador, Honduras o Guatemala. El libertador Simón Bolívar ambicionaba la creación de unidades políticas más amplias y fracasó al intentarlo; la identidad nacional de las nuevas repúblicas era difícil de fijar tras un proceso conducido por las élites criollas después de tres siglos de dominación española e hibridación cultural. Pero atención: por más que las revoluciones hispánicas se anunciasen como el final del despotismo español y exaltasen el valor supremo de la libertad, las nuevas repúblicas fueron extraordinariamente agresivas con unas minorías indígenas que dificultaban la homogeneización nacional. Así lo atestiguan la Conquista del Desierto en Argentina, el conocido como «genocidio selknam» en Chile o la matanza de Pusi en Perú: la libertad, en fin, tenía la piel clara.

El caso es que la confianza en la cualidad democrática del nacionalismo liberal quedó pronto traicionada por unos hechos que alertaban sobre la agresividad con la que a veces se desarrollaban los procesos de consolidación de los estados nacionales. Y no solo porque estos últimos pudieran reclamar la incorporación de las minorías «propias» alojadas en el territorio de otro Estado o demostrasen poco apego por los principios liberales, caso de la joven Alemania liderada por Bismarck, sino porque muchos de ellos se dedicaron a laminar a los *diferentes* dentro de sus propias fronteras. No hay mejor ejemplo que la expansión hacia el oeste de unos Estados Unidos que se habían visto sacudidos por una brutal guerra civil: las tropas del ejército combatieron sin cuartel a las «tribus indias» de las que ya hablaba el artículo primero de su Constitución. Kathleen DuVal señala que hoy aún existen más de quinientas «naciones nativas» bajo un estatuto jurídico singular, pese a que la propaganda del siglo XIX las retrataba como exiguas en número y fáciles de sojuzgar: un cebo para pioneros que de paso justificaba el trazado de las nuevas fronteras del país.

Por supuesto, los fascismos explotaron el relato nacionalista en Alemania, Italia, España o Portugal, adoptando en el caso alemán una política exterior agresiva y alimentando entre los italianos el sueño de unas colonias africanas –invasión de Etiopía– de cuño tardío. Mientras que el irredentismo alemán fue una de las causas de la Segunda Guerra Mundial, el imperialismo japonés poseía asimismo una fuerte base nacionalista. Finalizada la contienda, el lugar de las minorías nacionales volvió al primer plano en el curso de la salvaje posguerra europea: como si con ello se quisiera eliminar de un plumazo la historia multiétnica del continente, millones de personas fueron desplazadas y reubicadas a la fuerza. Al mismo tiempo, los judíos respondían al genocidio nazi fundando el Estado de Israel en Palestina, territorio que desde la Declaración Balfour de 1917 había sido señalado por el Reino Unido como «hogar nacional» del pueblo judío pese a encontrarse entonces bajo dominio otomano. A los árabes palestinos que allí vivían no se les reconoció derecho de autodeterminación alguno y el feroz conflicto subsiguiente jamás ha sido resuelto.

Merece la pena asimismo considerar el rol del nacionalismo en el bloque comunista. Ya se ha señalado que Stalin logró la movilización total de los rusos contra los nazis apelando a la supervivencia de la madre patria en lugar de recurrir a la conciencia proletaria. Durante la Guerra Fría, los soviéticos se las apañaron para reprimir unos movimientos nacionalistas que, al igual que sus equivalentes decimonónicos, vinculaban la emancipación del yugo ruso con la democratización del Estado. A nadie pudo así sorprender que el derrumbe de la URSS trajera consigo innumerables candidaturas a la estatalidad: mientras que checos y eslovacos se separaron sin acritud, Yugoslavia implosionó con gran violencia y la caucásica región de Nagorno-Karabaj sigue siendo objeto de disputa entre Azerbaiyán y Armenia. Por su parte, el irredentismo ruso se hizo brutalmente presente en Chechenia primero y Ucrania después: la Gran Rusia no tolera la libertad ajena. Es el recurso a un nacionalismo de hondas raíces lo que permite al dictador Putin sostener su agenda neoimperialista en un contexto geopolítico donde la autoafirmación nacional vuelve a ser norma e instituciones globales como las Naciones Unidas han perdido la poca relevancia que un día tuvieron.

Si alguien creía que dos guerras mundiales bastaban para conducirnos a un horizonte posnacional, en resumen, no podía estar más equivocado; la legitimación del orden político sigue basándose en el criterio de la nacionalidad. Solo la Unión Europea ha tratado de superar la identificación entre soberanía y nacionalidad, lo que no ha impedido la reaparición de los movimientos nacionalistas en el interior de sus estados –Irlanda del Norte, Escocia, Córcega, Bretaña, País Vasco, Cataluña, Padania– ni la irrupción de un soberanismo contrario a la federalización del continente. Tampoco las formas banales del nacionalismo –relatos y símbolos llamados a sostener emocionalmente la unidad política estatal– han desaparecido. Aunque ni siquiera existía antes de la modernidad, el nacionalismo sigue gozando de buena salud y no parece que podamos hacer mucho al respecto. Toca, una vez familiarizados con la complejidad histórica del fenómeno, averiguar por qué.

2. Psicopolítica de la nación

Todos los nacionalismos se parecen, pero cada uno se manifiesta a su manera; un somero vistazo a la historia de la era moderna basta para comprobar que el diablo está en los detalles. Y lo mismo vale para las naciones mismas, ya que no todas se relacionan igual con sus miembros o con el pasado que dicen compartir con sus ancestros. Mucho se ha escrito al respecto, sin que haya emergido todavía un consenso acerca de lo que la nación *sea* o *deba ser* ni sepamos con exactitud cómo se vinculó cada una de ellas con el Estado en el momento de su gestación o cómo deban aún hacerlo en el futuro. Es probable que este consenso nunca fructifique, pues las ciencias sociales no son ciencias exactas y sus practicantes no son los únicos que se dedican a elucidar los arcanos de la nación; en el debate también participan los nacionalistas e incluso hay científicos sociales que son nacionalistas, sin olvidarnos de los ciudadanos que observan los acontecimientos y ocasionalmente intervienen en ellos. Pero lo que se ha pensado ya sobre la nación, objeto elusivo donde los haya, no cae en saco roto; tenemos capacidad para hacer distinciones conceptuales valiosas y arriesgar algunas hipótesis plausibles. Y esto ya es bastante.

Así que ignoramos si hubo o no naciones en el pasado remoto, por ejemplo, pero tenemos claro que el nacionalismo como tal es un fenómeno de la modernidad. Está asociado a la concentración de poder que da lugar al Estado absolutista, que después se hará liberal e incluso bienestarista… sin dejar de ser nunca –por el momento– Estado nacional. Digamos entonces que la modernidad no suprime las etnias, muchas de las cuales siguen sin tener acceso a la estatalidad, pero trae consigo el advenimiento de la nación propio del nacionalismo. Tal constatación, bien mirado, no lleva demasiado lejos. Porque no todos los nacionalismos son iguales, ni lo es el resultado al que conduce su movilización; hay que aclarar si la nación moderna descansa sobre raíces etnoculturales «objetivas» o si es una ficción que echa mano de tradiciones y mitologías preexistentes a fin de resultar más persuasiva. Estamos ante las «tradiciones electivas» de las que habla Fernández Sebastián: el pasado común admite diferentes interpretaciones y cada actor político escogerá aquella que más le convenga. Si este pasado no existe, uno siempre puede inventárselo: el ciudadano rara vez se desplaza a los archivos para comprobar la veracidad de la historia que sus líderes políticos se empeñan en contarle.

Topamos en este punto con una primera disyuntiva. Si las naciones modernas tienen una base etnocultural, habría de concluirse que las naciones premodernas dieron lugar a un nacionalismo que condujo a la creación de estados; de acuerdo con esta lógica, el Estado sería una herramienta del nacionalismo. Si la nación es una creación cultural del nacionalismo, en cambio, la autoría de las naciones correspondería al Estado que se legitima gracias a ellas: el nacionalismo como herramienta del Estado. Pero nótese que resolver este dilema no sirve de mucho cuando a su vez hemos de elegir entre las definiciones *subjetivas* de «nación», que remiten al consenso vigente en una colectividad y sostienen que hay nación allí donde un número suficiente de personas creen en ella, y las definiciones *objetivas* que se basan en criterios –lengua, cultura, raza, religión– que no dependen de la voluntad de sus miembros. Para colmo, nada impide que quienes crean ser nación lo hagan fundándose en unas premisas culturales falseadas, como sucede en esa deliciosa sátira del nacionalismo que es *Pasaporte para Pimlico*, película firmada por Henry Cornelius en 1949 sobre la secesión del barrio londinense del mismo nombre. Tomar esos criterios objetivos como referencia, por lo demás, nada dice acerca del papel jugado por el Estado en el proceso de gestación nacional correspondiente.

Es asimismo habitual diferenciar entre una nación *cívica* y una nación *étnica*: una pone el acento en los principios liberales y la otra resalta románticamente una «esencia» nacional de naturaleza prepolítica. Sobre el papel, la oposición entre ambas resulta plausible. Pero, si nos fijamos en casos particulares, el blanco y negro se convierte en gris oscuro: así como Francia es una nación cívica que exalta sin ambages sus rasgos culturales, Israel es una nación etnocultural de base religiosa donde rige una constitución liberal y se celebran elecciones libres; por su parte, el nacionalismo catalán se considera democrático y no obstante hace gala de un supremacismo étnico poco disimulado. Para salir de este callejón sin salida, algunos han defendido la vía multicultural: los estados liberales habrían de adoptar un «liberalismo no nacionalista» que celebrase las diferentes culturas existentes en su interior y las protegiera por medios constitucionales. La contradicción en que incurre esta versión del multiculturalismo ha sido señalada por John Kane: eso de celebrar todos los nacionalismos menos el propio –como quisieran hacer algunos en España convirtiendo al Estado en una cáscara vacía que cobija a los distintos nacionalismos periféricos– pone de manifiesto cuán difícil es conciliar doctrina nacionalista y liberalismo democrático.

Va de suyo que definir la nación no es sencillo: hacerlo requiere un acuerdo previo acerca de si nos fijaremos en lo que las naciones realmente existentes *son* o si más bien atenderemos a lo que nos parece que *deben* ser. Pero cabe describirlas de muchas maneras distintas; y solemos discrepar sobre lo que deberían ser. A grandes rasgos, no obstante, hay dos maneras predominantes de concebir la nación: los nacionalistas románticos o etnoculturalistas la ven como una familia a la que no elegimos pertenecer –al nacer en ella participamos de su esencia–, y los partidarios de la nación cívica dicen que se parece a una asociación voluntaria de carácter contingente, ya que toda nación es el resultado de una historia que bien podría haber sucedido de otra forma.

En la famosa conferencia que dictó en la Sorbona en 1882, el pensador francés Ernest Renan defendió que toda nación es una «gran solidaridad» que no debe identificarse con la raza ni con la lengua. Su cautela con esta última merece ser destacada, ya que no ha perdido actualidad: Renan señaló que la lengua invita a la unión sin forzar a ella y sugirió que le damos importancia política debido a que el instinto romántico la considera «manifestación de la raza». Y remata:

No abandonemos el principio fundamental de que el hombre es un ser razonable y moral antes de estar ubicado en tal o cual lengua, antes de ser miembro de tal o cual raza, un adherente de tal o cual cultura. Antes que la cultura francesa, alemana o italiana está la cultura humana.

¡He aquí un cosmopolita! Renan estaba convencido de que las naciones no eran eternas y algún día se verían reemplazadas por «una confederación europea»; aunque de momento se conformaba con juzgarlas como un remedio para el despotismo imperial. Es el suyo un nacionalismo liberal consciente del papel de la contingencia histórica –«¿cómo es que Suiza, que tiene tres lenguas, dos religiones, tres o cuatro razas, es una nación, mientras que la Toscana, por ejemplo, siendo tan homogénea, no lo es?»– y sabedor de que no hay nación sin olvido, pues en algún momento ha de olvidarse que «la unidad se hace siempre de modo brutal». Leemos:

> El olvido, y hasta yo diría que el error histórico, son un factor esencial en la creación de una nación, de modo que *el progreso de los estudios históricos es a menudo un peligro para la nacionalidad.* [El énfasis es mío].

Renan parece así situarse del lado de la nación de ciudadanos y en contra de la comunidad primordial; por más que la nación presuponga un pasado compartido, necesita del consentimiento de sus miembros. Y este deseo de vivir en común es lo que permite caracterizarla como «un plebiscito diario», aunque el autor se disculpa por la metáfora.

Porque metáfora es: ninguna nación vota a diario sobre su continuidad. El apoyo que se presta a su existencia está implícito en la costumbre y se convierte en rutina, salvo que haya nacionalismos subestatales que pongan en entredicho la unidad política del conjunto. En condiciones ordinarias, el sentimiento nacional apenas emerge con motivo de una crisis o competición deportiva: las banderas españolas ondearon en Barcelona en el momento álgido del *procés* y cuando la selección nacional ganó la Eurocopa de fútbol siete años más tarde.

A la nación por el Estado

Bajo el punto de vista de Renan, pues, los ciudadanos se asocian como nación apoyándose en un pasado común e imbuidos de un sentimiento de fraternidad llamado a realizarse en el marco de una sociedad libre. Pero ¿quién lleva a cabo este proyecto? Se diría que el actor principal del mismo se nos ha escamoteado. Y ese actor es, obviamente, el Estado: solo él puede transformar la voluntad popular en unidad política delimitada por fronteras exteriores. Afinemos esto de la mano de Wolfgang Reinhard: la nación es la variable *dependiente* de la evolución histórica; el poder estatal es la variable *independiente*. O lo que es igual: el Estado preexiste a la nación y se sirve de ella cuando emergen los nacionalismos que se oponen al Antiguo Régimen, al poder imperial o a la metrópoli según los casos. Aunque solamos pensar en unos nacionalismos en busca de la estatalidad, en consecuencia, fueron los estados los que instrumentalizaron políticamente el sentimiento nacional preexistente –de la mano de los nacionalismos– para funcionar eficazmente como espacio económico y actor internacional. Allí donde ni el derecho divino ni el dinástico servían ya para legitimar el poder estatal, hacía falta una nueva mitología para concitar el apoyo popular; la nación, entendida como proyecto colectivo orientado hacia el progreso material de todos los ciudadanos, vino a proporcionarla.

Así reza la tesis modernista sobre la emergencia histórica de las naciones, que parte de una constatación que ya hiciera Max Weber en el primer tercio del siglo pasado: ni el sentimiento de comunidad étnica ni la posesión de una lengua bastan para crear una nación; solo cuando esta se asocia a una forma de organización del poder político –en la era moderna, un Estado– podremos hablar de nación. De ahí que Carlton Hayes haga como nuestra Constitución de 1978 y distinga entre nación (conjunto de ciudadanos de un Estado soberano) y nacionalidad (grupo de personas que habla una misma lengua y cree constituir una comunidad cultural diferenciada); aunque el Estado se basa en la nacionalidad, hay nacionalidades –no naciones– sin Estado. Pero los modernistas se llaman como se llaman porque explican la aparición del nacionalismo y el Estado nacional como una *consecuencia* de la modernización; su tesis es que el nacionalismo resulta funcional en una sociedad de masas que se industrializa a gran velocidad y donde las nuevas tecnologías de la comunicación y el crecimiento de la burocracia suministran a los estados nuevas herramientas para la gestión de sus poblaciones.

No en vano, Eric Hobsbawm subraya que el Estado crea conciencia nacional echando mano de instrumentos tales como la educación pública, las comunicaciones ferroviarias, las ceremonias públicas y la promoción de la lengua común, lo que a su vez facilita el establecimiento de un mercado interior y crea las condiciones necesarias para el desarrollo industrial. En cambio, John Breuilly sostiene que son los grupos sociales emergentes que buscan el poder –con la burguesía a la cabeza– los que hacen suya una nueva forma de identidad colectiva; a sus ojos, la política prima sobre la economía. Por su parte, Benedict Anderson pone el acento en la cultura: la difusión masiva de libros y periódicos hizo posible que millones de personas se *imaginaran* formando parte de una comunidad distinta a las preexistentes; decir «comunidad imaginada» es decir «representación mental compartida por individuos que jamás llegarán a conocerse personalmente».

A juicio de Ernest Gellner, el modernista por antonomasia, no estamos ante el despertar de una nación que se hace autoconsciente: lo que sucede más bien es que el nacionalismo se *inventa* las naciones. De modo que estas no son atributos *naturales* de la humanidad, sino construcciones *sociales* propias de una época y lugar. Pero incluso Gellner se ve forzado a reconocer que el nacionalismo trabaja con los materiales culturales que tiene a su disposición: mitos, símbolos, figuras, tradiciones, leyendas. ¡No se puede usar un samurái para generar conciencia nacional española! El nacionalista usa selectivamente estos materiales; no es fiel a la historia, al contrario, crea un relato que conviene a sus fines. Si bien se mira, que la cultura y la historia sean relativamente elásticas explica que puedan oponerse concepciones dispares de la nación: quemar la bandera nacional para protestar contra la participación de Estados Unidos en la guerra de Vietnam era un acto de patriotismo para los manifestantes, pero suponía una afrenta mortal para los demás.

Téngase en cuenta que una comunidad *imaginada* no es lo mismo que una comunidad *inventada*; igual que una tradición *electiva* no es necesariamente una tradición *ficticia*. Son matices relevantes, ya que el énfasis en la cualidad *construida* de la nación en ocasiones nos hace perder de vista que los materiales con los que se la levanta y los sentimientos que genera bien pueden ser *auténticos*. Ya se ha señalado que una comunidad imaginada es la que se asienta sobre una representación mental colectiva; la comunidad será *imaginaria* si apenas creen en ella un puñado de personas y carece, como si dijéramos, de correlato social alguno. Pero allí donde hay suficiente masa crítica, dice Walker Connor, hay una nación: basta con que un grupo de personas *sientan* estar ancestralmente emparentadas.

Da igual si estos sentimientos poseen o no base histórica; si uno se siente conectado a otras personas en el interior de una comunidad primordial, su sentimiento producirá efectos sociales y quizá políticos.

Hemos señalado que resulta preferible llamar «nacionalidad» a estas colectividades, reservándonos el calificativo de «nación» para los estados nacionales. Pero no todo el mundo está de acuerdo: los primordialistas de estirpe romántica creen que la nación es una unidad ontológica de la vida política y que las naciones poseen una esencia o *Geist* reconocible. Herder y Fichte apuntaban hacia la lengua –alemana en su caso– como depositaria del espíritu nacional; su compatriota Friedrich Schleiermacher sostenía que la nación era «una división natural de la raza humana, dotada por Dios de un carácter propio, que sus ciudadanos deben preservar pura e inviolable». Se sigue de aquí que una nación *debe* formar su propio Estado; un Estado que contuviera varias naciones atentaría contra la naturaleza de las cosas. Para el individuo no hay elección: se pertenece a la nación igual que se pertenece a la familia, y la identidad personal se alimenta del genio nacional. Nuestra lealtad se debe por ello a la nación

antes que al Estado, lo que explica que un ex-
nazi pudiera descreer de la República Federal
Alemana y mantenerse fiel al Reich derrotado en 1945.

Este tipo de discurso se reproduce allí
donde opera un nacionalismo etnocultural.
Bien sabemos los españoles que el uso nacionalista del pasado histórico no excluye el fal-
seamiento ni la mentira; lo que cuenta es que
el gato cace ratones: que el relato nacionalista genere sentimientos de pertenencia a la
nación ancestral. Y no es raro que funcione.
Precisamente por ello, porque sigue funcionando pese a todo lo que ya sabemos hoy
sobre la peligrosidad del nacionalismo, conviene tomar en consideración a esos pensadores etnosimbolistas que rechazan por igual
las tesis del modernismo (la nación es un artificio) y las del primordialismo (la nación es
una esencia).

Las raíces profundas del sentimiento nacional

Para los etnosimbolistas, no cabe ignorar la
persistencia de las etnicidades ni la fuerza de
los sentimientos que todavía hoy logran in-
ducir. De ahí que se haga necesario distinguir

entre etnia y nación, para así poder dilucidar cómo se relacionan ambas entre sí. Siguiendo a Anthony Smith, la etnia es una población que tiene mitos ancestrales comunes y una cultura compartida, así como un cierto grado de solidaridad interpersonal; la nación incorpora elementos cívico-políticos, fija derechos y deberes para sus miembros y se desenvuelve en el marco de una cultura pública de masas. A primera vista, la cronología es sencilla: primero están las etnias y luego aparecen las naciones, aunque las etnias que se quedan sin Estado no siempre desaparezcan por el sumidero de la historia.

Que muchos de los estados nacionales hoy existentes sean multiétnicos –Wolfgang Reinhard prefiere decir «multinacionales»– no es óbice para reconocer que la mayor parte de ellos se formaron a partir de una de las etnicidades presentes en su territorio. Las etnicidades «perdedoras» fueron asimiladas por la identidad nacional dominante o vieron reconocida su autonomía en el marco de un proceso de descentralización política; algunas vienen reclamando su independencia desde entonces. A salvo de excepciones como la Padania del norte italiano, los nacionalismos insatisfechos de nuestros días son los viejos

reinos medievales o las naciones que forma-
ban parte de los grandes imperios. Pero el pasado no es destino: el nacionalismo catalán es
pujante y el nacionalismo aragonés endeble,
pese a que el condado de Barcelona perte-
neció durante siglos a la potente corona de
Aragón y Cataluña nunca fue –digan lo que
digan sus propagandistas– un Estado independiente del reino de España que sale de la
unión de las coronas de Castilla y Aragón en
1479.

Ocurre que no todos los estados nacionales responden al mismo patrón histórico. Se
han solido distinguir dos tipos de nación en
función de su origen: de un lado, una comunidad étnica de carácter aristocrático, que
genera estados centralizados y burocratiza-
dos propios de Europa occidental y Estados
Unidos; del otro, una comunidad étnica de
tipo vernáculo que alcanza la estatalidad a
través de la movilización popular y es habitual en la Europa central y oriental. Hans
Kohn ya distinguió a mitad del siglo pasado entre naciones cívicas y étnicas: Francia
y el Reino Unido se contarían ejemplarmen-
te entre las primeras; Alemania o Japón re-
presentarían idealmente a las segundas. Si
unas están basadas en la adhesión volunta-

ria a ciertos valores o principios, las otras se fundamentan en un linaje sentido como origen común de sus miembros. O bien, las naciones étnicas serían aquellas cuya unificación cultural es *previa* a la unificación estatal, mientras que en las naciones cívicas es el Estado quien se encarga de desarrollar una cultura nacional que a menudo –Francia, China, Italia– exige la homogeneización lingüística.

Sin embargo, la oposición entre nación cívica (occidental) y nación étnica (oriental) es demasiado nítida para ser cierta; la realidad histórica es mucho más complicada. El propio Smith apunta que todos los nacionalismos contienen elementos cívicos y étnicos, que se combinan en distintos grados y de diferentes maneras según los casos. Incluso Francia y Estados Unidos, ejemplos señeros de nación cívica, han reimaginado sus historias nacionales con el propósito de excluir a quienes no encajaban en la nación que allí se estaba construyendo. Tal como indican los historiadores Timothy Baycroft y Mark Hewitson, es preciso incorporar al análisis factores desatendidos hasta ahora; entre ellos se cuentan el papel de las guerras en la construcción de la imagen nacional, la difusión de una cultura nacional homogeneizadora por parte de las asociaciones e instituciones liberales o el uso de la raza como herramienta de exclusión en el interior de unas naciones cívicas que contaban con posesiones coloniales. Es más, nadie en la Europa del siglo XIX pensaba que las tradiciones étnica y cívica estuvieran separadas; el propio Renan destacaba la importancia de los sentimientos nacionales referidos a una historia y una cultura compartidas. Asunto distinto es que la etnicidad pudiera darse por supuesta allí donde la unificación cultural precediese a la formación del Estado, como acaso sucediera en esa España donde se hablaba castellano desde antiguo y donde –a diferencia de lo que sucedió en la Cataluña del siglo XIX– no fue necesario que el nacionalismo «renaciera» para dar forma a la nación. Entra así en juego ese «nacionalismo banal» del que habla Michael Billig: la presencia cotidiana de símbolos que refuerzan la cohesión nacional sin reclamar la movilización de los ciudadanos.

¿Y cómo explicar la fuerza de una etnicidad que funciona como pegamento social incluso en los estados nacionales más comprometidos con los valores democráticos? No podemos responder a esta pregunta sin asomarnos a las raíces psicobiológicas del fenómeno nacionalista. Porque el nacionalismo *funciona* debido a su capacidad para activar mecanismos de identificación grupal que tienen carácter prepolítico. La nación es como la familia, la tribu o el grupo: una comunidad de pertenencia a la que nos sentimos emocionalmente vinculados. Y ha demostrado ser más exitosa que alternativas como la clase social, el género o la humanidad; poca gente muere en nombre de estas últimas. Se trata de sentimientos ambivalentes: así como nos mantenemos leales a los miembros del grupo, lo que permite a Bernard Yack alegar que la nación se basa en una amistad social de carácter intergeneracional, experimentamos animosidad hacia sus enemigos. Mientras que las guerras civiles fracturan de forma duradera cualquier sociedad, los conflictos entre naciones sirven para cohesionarlas: las diferencias con el vecino se olvidan cuando toca repeler al invasor.

Nada de esto es casual. Si recurrimos a la teoría evolucionista y a la sociobiología, como hacen Azar Gat y Alexander Yakobson, comprobaremos que las personas dan prioridad a sus parientes genéticos más cercanos. Dado que la preferencia por los parientes fue una fuerza selectiva de primer orden durante miles de años, estaríamos equipados para percibir las diferencias entre nuestros semejantes incluso si no somos conscientes de ello; bajo este punto de vista, el narcisismo de las pequeñas diferencias tendría una base evolutiva. Y, como quiera que los miembros de las comunidades étnicas suelen estar genéticamente emparentados, es probable que ahí se encuentre el origen de la animosidad intergrupal que tantos males ha causado a lo largo de la historia. Sus manifestaciones son conocidas: tribalismo, etnocentrismo, xenofobia, nacionalismo. Este elemento atávico ha subsistido en el nacionalismo moderno, sin por ello suprimir formas de parentesco tan elementales como la familia o el clan; seguimos poniendo a nuestra madre por delante de la nación y no faltan quienes acuden puntualmente cada semana al estadio donde juega el equipo de sus amores o se identifican con el partido político al que votan. Aunque no somos esclavos de la genética ni impermeables a la cultura, somos incapaces de desprendernos de nuestra condición animal; las disposiciones innatas que definen a nuestra especie siguen en su lugar. No tienen fuerza normativa: ni el racismo ni el nepotismo merecen aplauso. Ahora bien, conocer las predisposiciones humanas es indispensable para combatirlas.

Pero ¿por qué la nación, precisamente la nación, se ha convertido en la comunidad imaginada dominante? Nada hay de natural o inevitable en ella; la preferencia genética puede manifestarse de formas distintas y no en vano vivimos durante siglos bajo el yugo de monarcas e imperios. Es difícil saberlo. Acaso debamos conformarnos con la hipótesis de que el nacionalismo ocupó el lugar que antes correspondía a las religiones y las dinastías; tuvo éxito porque no podía dejar de tenerlo en el marco de una modernidad que transformó por completo las sociedades humanas. Ni el racionalismo marxista ni el escepticismo liberal han sabido reemplazarlo; el nacionalismo proporciona fundamento sentimental a regímenes políticos de toda clase y solo se nos antoja menos relevante allí donde el Estado ha fracasado (Libia, Sudán) o adopta una forma teocrática (Irán, Afganistán). Si hay algo capaz de rivalizar con los estados nacionales consolidados son los nacionalismos interiores que ponen su unidad política o cultural en entredicho.

+++

La persistencia del nacionalismo ha sido también explicada como un efecto de sus virtudes. Para el israelí Yoram Hazony, el Estado nacional es una alternativa preferible a sus alternativas, que son la organización tribal y ese imperialismo que busca establecer un régimen político común para todos los grupos humanos. Desde este punto de vista, solo en el marco nacional sería posible la autodeterminación colectiva; solo en su interior se forjan lealtades recíprocas que permiten instaurar un régimen de instituciones libres y libertades personales. Y no es así casualidad, como ha recordado Ivan Krastev, que el nacionalismo tenga buen nombre allí donde sirvió para resistirse al dominio imperial o la asimilación exterior: en Hungría o Polonia ante el comunismo, en el Reino Unido ante los nazis, en Grecia ante los turcos. No hace falta añadir que Hazony está pensando en las mejores versiones del nacionalismo y el Estado nacional, que son aquellas asociadas al liberalismo político; por desgracia, no son las únicas posibles. Pero tampoco puede negarse que la asociación de liberalismo y nacionalismo –un nacionalismo cívico de carácter instrumental– posee fuerza aglutinadora y potencial democrático. Acertaba el teórico marxista Tom Nairn, en definitiva, cuando describía la nación como un «Jano moderno» en razón de su inescapable ambigüedad humana, moral y política: todos los nacionalismos son saludables y mórbidos, pues en su código genético se inscriben por igual el progreso y la regresión.

+++

Sea como fuere, la reactivación de los movimientos nacionalistas en Cataluña o Escocia y el ascenso del nacionalpopulismo confirman que ninguna de las fórmulas del racionalismo ilustrado ha conseguido todavía –ni acaso conseguirá jamás– neutralizar el atractivo de la identidad nacional y la pertenencia comunitaria. O sea, no existe aún ningún Estado que haya sido capaz de sostenerse únicamente sobre el acuerdo racional y desapasionado de sus ciudadanos. Por muy azaroso que resulte nacer en un sitio y no en otro, solemos otorgar un valor emocional a aquello que nos es más familiar o cercano; en esa preferencia bien pueden influir los factores genéticos. Dado que estamos evolutivamente constituidos para buscar la cohesión del grupo propio, el nacionalismo tendría incluso una ventaja «psicobiológica» frente a sus rivales. Y esto explica que la movilización de emociones, sentimientos y mitologías sea un elemento necesario para la legitimación del Estado: que la democracia, en otras palabras, no haya sabido aún prescindir de la nación.

3. Autodeterminación y democracia

La sociedad internacional es hoy más estable de lo que lo fue en la segunda mitad del siglo XIX y buena parte del XX. Desde la desintegración de Yugoslavia, son pocos los estados de nuevo cuño que han logrado reconocimiento internacional; en las últimas dos décadas apenas Timor Oriental, Montenegro, Kosovo, Abjasia, Sudán del Sur y Osetia del Sur han pasado a engrosar una lista en la que figuran –incluidos los casos singulares del Vaticano y Palestina– hasta 195 países. Pudieron ser más: aunque Escocia tuvo la oportunidad de secesionarse del Reino Unido, el voto separatista no pasó del 45 por ciento en el referéndum celebrado en septiembre de 2014; los sucesivos gobiernos británicos se han negado desde entonces a acordar otra consulta con los nacionalistas, pese a que casi dos tercios de los escoceses se opusieron al Brexit impulsado por el conservadurismo inglés. Y, aun cuando el independentismo quebequés resultó herido de muerte tras sus derrotas sucesivas en las consultas de 1980 y 1995, el nacionalismo catalán tomó el testigo de los pueblos sin Estado y lanzó en los años duros de la Gran Recesión una ofensiva separatista –el famoso *procés*– que puso contra las cuerdas a la democracia española.

A diferencia de lo sucedido en el Reino Unido, donde la ausencia de una constitución escrita permitió al primer ministro David Cameron anunciar de un día para otro la celebración de una consulta sobre la secesión escocesa, los españoles hemos debatido largo y tendido sobre la legalidad de un hipotético referéndum de independencia. Recordemos que el gobierno nacionalista de Carles Puigdemont llamó a votar el 1 de octubre de 2017, pese a la prohibición decretada por el Tribunal Constitucional; lo hizo después de aprobar en el Parlamento autonómico unas «leyes de desconexión» que vulneraban las garantías democráticas más elementales. Sabido es también que la independencia catalana llegó a proclamarse, si bien fue suspendida de inmediato; la Cataluña independiente no recibió apoyo internacional y tampoco sus partidarios la defendieron en la calle: en caso contrario, la historia podría haber sido muy distinta. Pero lo que interesa resaltar aquí es que los separatistas catalanes invocaron un «derecho a decidir» que no forma parte del ordenamiento constitucional español y remite directamente a la pregunta sobre la autodeterminación: ¿quién puede llevarla a cabo, en qué situación, bajo qué condiciones?

Nadie tiene una respuesta tajante a esa pregunta. Atañe a problemas fundamentales de la teoría política: el origen y la composición de la comunidad política, la relación entre la ley y la voluntad popular, los usos y límites de la democracia, las fuentes de la legitimidad, el papel de la coerción estatal. Ninguno de estos conceptos tiene un significado unívoco; todos ellos arrastran una contenciosa historia semántica y en torno a ellos continuamos aún hoy discutiendo. Pero de ahí no se sigue que todas las respuestas posibles sean igual de válidas; si así fuera, nunca podríamos llegar a ninguna conclusión. Y lo que hemos aprendido durante los dos últimos siglos nos permite formular más de una.

Hablar de autodeterminación en abstracto, sin la debida conciencia histórica, se antoja poco razonable: no es lo mismo defender el principio de nacionalidad formulado por el italiano Pasquale Mancini –«toda nación cultural tiene derecho a un Estado propio»– a mediados del siglo XIX que hacerlo hoy. No vivimos ya bajo el paraguas del Imperio austrohúngaro, ni existe un Antiguo Régimen que derribar; sabemos que las reivindicaciones etnonacionales suponen una amenaza para las sociedades plurales. En nuestros días, la democracia constitucional y el pluralismo social son premisas inevitables de cualquier debate contemporáneo sobre la autodeterminación. Porque no se trata de una conversación genérica sobre la fundación *ex novo* de una comunidad política de carácter ideal: la demanda nacionalista tiene lugar actualmente después de incontables experimentos políticos y con plena conciencia de los peligros asociados a la desintegración de las comunidades políticas. De ahí que el independentismo catalán, que nunca ha tenido un apoyo superior a la mitad de la población residente en una región que se cuenta entre las más ricas del continente, parezca por momentos un gigantesco anacronismo: un fenómeno que eclosiona fuera de su tiempo.

Ocurre que ninguna constitución del mundo –omitiendo excéntricas salvedades– reconoce el derecho a la autodeterminación de sus territorios o regiones; la integridad territorial del Estado, de hecho, suele estar protegida por cláusulas de intangibilidad que impiden su reforma. Y tampoco lo hace el derecho internacional, salvo en los muy concretos supuestos de ocupación colonial o grave violación de derechos. Es verdad que el presidente norteamericano Woodrow Wilson afirmó en la Conferencia de Versalles un derecho a la autodeterminación de los pueblos que recoge el Pacto Internacional de Derechos Civiles y Políticos, tratado internacional ratificado por la Asamblea General de la ONU en diciembre de 1966. Su primer artículo reza así:

Todos los pueblos tienen el derecho de libre determinación. En virtud de este derecho establecen libremente su condición política y proveen asimismo a su desarrollo económico, social y cultural.

Pero aquí nada se dice sobre cuál es el «pueblo» en cuestión, ni bajo qué condiciones puede ejercerse ese derecho. En realidad, tanto el presidente Wilson como el Pacto de 1966 tienen por objeto la regulación –si es que el derecho internacional es capaz de regular algo eficazmente– de los procesos de descolonización que tuvieron su momento álgido en las décadas de los cincuenta y los sesenta. De ahí que la Resolución 1514 de las Naciones Unidas, aprobada a finales de 1960, defina el derecho a la autodeterminación como aquel que asiste a los pueblos sujetos a «una subyugación, dominación y explotación extranjeras». Ya se ve entonces que los pueblos coloniales –o las etnias cuyos derechos sean violados de manera sistemática– nada tienen que ver con los estados nacionales. No en vano, el artículo 6 de la Resolución 1514 dice lo siguiente:

> Todo intento encaminado a quebrantar total o parcialmente la unidad nacional y la integridad territorial de un país es incompatible con los propósitos y principios de la Carta de las Naciones Unidas.

La contradicción salta a la vista: todos los pueblos tienen el derecho de libre determinación, pero todo intento de quebrantar la unidad nacional de un país resulta inaceptable. ¿En qué quedamos? No es tan difícil: quiere decirse que allí donde hay un pueblo sometido a dominio colonial no existe una legítima unidad nacional; ese pueblo tiene, en consecuencia, derecho a la autodeterminación. ¡Y al revés! Argelia tenía derecho a independizarse de Francia; Córcega no lo tiene. Por otra parte, sabemos que los cascos azules de la ONU no van a obligar a ninguna potencia colonial a conceder independencia alguna; se trata de un «derecho» que hay que ganarse. Pensemos en el caso del Sáhara, donde la vieja potencia colonial –España– parece dispuesta a apoyar la asimilación marroquí de los saharauis pese a que no es lo que el derecho internacional dice que habría que hacer. Tampoco los gazatíes pueden ejercer el derecho a separarse de Israel, por más que el gobierno de Benjamin Netanyahu esté vulnerando los derechos de los habitantes de la franja. En este terreno, *might is right*: tener fuerza es más importante que tener razón.

Inversamente, existe la posibilidad de que un pueblo que no goza del derecho de autodeterminación –tal como se define en el ordenamiento internacional– llegue a secesionarse del Estado nacional del que formaba parte: nada impide que un acuerdo político entre las partes conduzca a la independencia. Suecia y Noruega se separaron en 1905; Noruega había sido cedida a Suecia por Dinamarca tras las guerras napoleónicas, y los noruegos votaron la independencia en un plebiscito que los suecos aceptaron a regañadientes. Por su parte, checos y eslovacos disolvieron su unión –recuérdese que el Estado de Checoslovaquia había nacido con la disolución del Imperio austrohúngaro y sobrevivido al control soviético– mediante la decisión de sus respectivas élites políticas a comienzos de la década de los noventa, cuando una mayoría de ciudadanos apoyaba la continuidad de la federación. Pero también cabe imaginar una secesión que no se produzca por medios democráticos, sino mediante el uso exitoso de la fuerza; en este último caso, la separación *de facto* no bastará para el ingreso en la comunidad internacional, ya que será necesario el reconocimiento de los estados soberanos existentes. Y aun habrá quien se conforme con un régimen de autonomía, como es el caso de los kurdos de Irak; su estatuto está reconocido en la Constitución del año 2005, aprobada tras la invasión norteamericana y la caída de Sadam Huseín.

Secesión, democracia, nacionalismo

Hablar del «derecho de autodeterminación» de forma indiscriminada, en consecuencia, acaba llevando a equívocos. De un lado, el derecho internacional restringe su aplicación a supuestos de ocupación colonial o violación grave de los derechos humanos; al margen del derecho, un pueblo puede conseguir su independencia por la fuerza o de resultas de la aplicación de un acuerdo político. Este último puede alcanzarse dentro de un marco democrático: ahí están los casos de Escocia o Quebec, si bien la convocatoria de los sucesivos referéndums por parte de las autoridades radicadas en Montreal no contó con la aprobación del gobierno federal. Merece por ello la pena debatir sobre la legitimidad de la secesión en el interior de las sociedades liberal-democráticas, ya que los movimientos nacionalistas de medio mundo la dan por supuesta cuando reclaman un Estado propio.

Adviértase que discutimos la legitimidad de la secesión en una democracia liberal y no en esa democracia plebiscitaria que muchos secesionistas –igual que tantos extremistas– quisieran implantar. Lo que cuenta en esta última es la aclamación popular del líder; el derecho se pone al servicio de la voluntad popular y la protección de las minorías se tiene por un asunto secundario. Pero esta democracia no es la que dibujan nuestras constituciones, pese a que no faltan hoy los líderes electos que tratan de convertirla en un régimen iliberal donde el soberano decida a su antojo en nombre del bienestar del pueblo o de la nación o de ambos a la vez. Aunque disguste a los separatistas, no vale identificar la democracia con el simple «gobierno de las mayorías»; la protección jurídica del individuo y el respeto al pluralismo son valores superiores que ningún procedimiento tiene potestad para vulnerar por muy «democrático» que sea. De manera que las urnas no bastan para justificar lo que en ellas se decide; hay cosas que no pueden votarse.

Ahora bien, ¿qué es eso de oponer democracia y nacionalismo? ¿Acaso las democracias no son también naciones? Y los estados de derecho, ¿no son estados nación? Ya se ha señalado que la nacionalidad –junto con los sentimientos de pertenencia asociados a ella– ha suministrado el fundamento cultural y afectivo de las democracias modernas. También sabemos que la democracia no puede definir *democráticamente* el espacio en que debe operar, como ha subrayado Pierre Manent; la nación es una necesidad práctica, ya que proporciona la cohesión social que se precisa para fundar un Estado en un determinado territorio. Así lo entendió Rousseau, para quien el nacionalismo constituía la más eficaz argamasa de la república; según John Stuart Mill, las instituciones de un gobierno liberal son casi inviables allí donde coexistan varias nacionalidades, ya que la pluralidad cultural impide el surgimiento de una identidad común.

+++

Si pudo existir un «nacionalismo liberal» durante el siglo XIX fue porque se presumió que las libertades nacionales e individuales eran una sola; las naciones que luchaban por su independencia lo hacían también por el gobierno liberal. O, al menos, eso nos parecía. De ahí que Carlton Hayes, uno de los primeros teóricos del nacionalismo, atribuyese al nacionalismo liberal –personificado en intelectuales como Bentham, Guizot o Mazzini– la posición según la cual «cada nacionalidad debía ser una unidad política con un gobierno nacional independiente, que acabara con el despotismo, la aristocracia, la influencia eclesiástica y que garantizara la libertad de cada ciudadano». A cada nación política, pues, un Estado liberal. O bien: un Estado, una nación.

Paradójicamente, la construcción de un Estado nacional de corte liberal supone la creación de una identidad nacional que ejerce presión sobre las identidades culturales preexistentes. Y esta presión no siempre es eficaz; ya decía Koselleck que la correspondencia de pueblo, nación y Estado que se ha dado tradicionalmente en un país como Francia representa una envidiable excepción. Máxime porque se trata de una excepción relativa: se ha señalado ya que convertir a los campesinos bretones o normandos en ciudadanos franceses requirió del Estado jacobino un sobresaliente esfuerzo «nacionalizador». Es así patente la inevitable ambivalencia del Estado nación: puede ser liberador contra legitimistas o colonizadores, pero excluyente o destructivo para las minorías. Por eso concluye Jürgen Habermas que, si bien el nacionalismo fue una precondición histórica para la democratización del poder del Estado al tratarse de la primera entidad política creadora de solidaridad entre extraños, el terrible siglo XX dejó clara la necesidad de que los estados democráticos avancen hacia formas supranacionales y cosmopolitas de integración.

Sea como fuere, la peculiar naturaleza de la ideología nacionalista suele pasarse por alto cuando se sopesan los argumentos favorables a la secesión. Resulta de aquí un debate abstracto que desatiende un factor fundamental en la formación de preferencias, a saber: la creación de antagonismos irresolubles basados en la premisa de que las identidades culturales son incompatibles entre sí. Ya que si la revolución no es una cena de gala, como dejó dicho Mao, el nacionalismo está lejos de ser una asociación cultural. Se trata de una ideología política con objetivos políticos: la autodeterminación y preservación de la nación. A tal fin arbitrará sin recato alguno los medios necesarios para lograr sus propósitos. Y el primero de ellos es la construcción del sentimiento nacional a través de unos procesos de nacionalización que persuadirán a los miembros de una comunidad de que merecen un Estado propio. Resumiendo: *el nacionalismo nacionaliza*. De ahí que no tengan mucha verosimilitud las descripciones del nacionalismo como un fenómeno popular, que avanza de abajo arriba; los procesos de construcción nacional están dirigidos por las élites, con un destacado papel para la *intelligentsia* que provee al movimiento de consistencia ideológica y de las indispensables coartadas históricas.

¿Y cuáles son los argumentos que se aducen para justificar la posibilidad de la secesión en el interior de una democracia? Por lo general, se agrupan en tres tipos; cada uno de ellos identifica las condiciones que justifican la demanda de autodeterminación.

En primer lugar, las *teorías plebiscitarias* solo exigen que una mayoría concentrada en un territorio exprese su deseo de separarse de otro con el que conforma algún tipo de unión política. Estamos ante una derivación del derecho a la libre asociación política: si el individuo es autónomo, las posibles naciones también deben serlo. Las naciones, como la democracia, se legitiman a través de las decisiones populares; vótese y que Dios reparta suerte. Ocurre que la gran mayoría de los movimientos secesionistas tienen carácter étnico o adscriptivo, pues la titularidad del derecho de autodeterminación recae sobre una colectividad. Recurrir en este caso a una fundamentación individualista presenta dificultades lógicas y no permite explicar satisfactoriamente la demanda territorial implícita en dichos movimientos; invocar la voluntad *colectiva* del pueblo-nación para justificar un derecho derivado de la *libre* asociación *individual* resulta incongruente.

En segundo lugar, las *teorías de la causa justa* son bien sencillas: si concurre una injusticia que solo puede remediarse mediante una secesión, la secesión será legítima. Este principio recuerda el derecho a la resistencia formulado por los pensadores medievales, para quienes el pueblo está autorizado a rebelarse contra el monarca si este se ha convertido en tirano. Que esta condición pueda darse en sociedades democráticas, sin embargo, se antoja difícil; la teoría parece aplicable a marcos autoritarios o coloniales donde, como se ha repetido, los poderes establecidos difícilmente darán su brazo a torcer. Por añadidura, los movimientos secesionistas no suelen reclamar justicia, sino que usarán una presunta injusticia para justificar su objetivo: la satisfacción del principio nacional de autodeterminación. De nuevo, la dinámica de los movimientos nacionalistas y el significado de la identidad nacional se relegan al segundo plano de la argumentación.

Finalmente, las *teorías de la autodeterminación nacional* se basan en el principio normativo nacionalista: las fronteras políticas y culturales deben ser coincidentes. A diferencia de lo que sucede con las teorías plebiscitarias, este sería un derecho de las naciones y no de los individuos, aunque es posible justificarlo diciendo que son los últimos los que se benefician de contar con una identidad nacional y el correspondiente sentido de pertenencia. Pero el derecho a la secesión se hace depender de un criterio adscriptivo (somos nación porque nosotros decimos que somos nación) u orgánico (uno pertenece al *Volk* sin elegirlo) que identifica nación y territorio, ignorando a las minorías discordantes que habiten en el territorio (su «extranjerización» sería la consecuencia inmediata de la secesión). Y no está nada claro quién ni cómo puede decidir al respecto. En buena medida, aquí reside la clave del asunto; descifrémosla con calma.

De la paradoja de la autodeterminación a la autodeterminación sin derecho

Nada es más decisivo ni peliagudo que identificar al *pueblo* que tiene derecho a convertirse en un Estado nacional. Porque tal identificación jamás será democrática: la fijación del primer censo de votantes no puede derivarse de una votación. Kwame Appiah expresa con claridad la paradoja resultante: «Sí, "nosotros" tenemos derecho a autodeterminarnos, pero esta idea solo nos orientará una vez que hayamos decidido quiénes somos "nosotros"». Dicho de otra manera, la democracia solo empieza a operar después de que las fronteras de la unidad política hayan sido establecidas. Recordemos la broma seria que proclamaba el derecho a decidir de Tabarnia –unión imaginaria de Barcelona y Tarragona– en el caso de que Cataluña se separase de España: si unos pueden irse, ¿por qué los demás no?

Hay pensadores que apuestan por establecer criterios para identificar a los «pueblos» con derecho a la autodeterminación. Jeremy Waldron distingue entre la concepción territorial y la identitaria de la autodeterminación, decantándose por la primera: un grupo con conciencia de sí mismo que sea dominante en un territorio gozaría del derecho a la secesión. En cambio, David Miller cree que lo decisivo es una identidad compartida que trascienda la mera proximidad física, si bien la existencia de un territorio que el grupo pueda controlar reforzará la legitimidad de su demanda. Esto último va de suyo: si los romaníes dispersos por el mundo adquiriesen conciencia nacional, ¿cómo podrían autodeterminarse sin un territorio sobre el que afirmar su soberanía? Pero, si hacemos primar el criterio territorial, ¿qué pasa con quienes discrepan? ¿Qué grado de homogeneidad étnica debe exigirse dentro de cada espacio protonacional? ¿Y cuál es el umbral de apoyo electoral exigible al grupo que quiere secesionarse? En todos estos casos se pasan por alto los efectos de la ingeniería nacionalizadora que los nacionalismos –si gobiernan tanto una región que goza de autonomía como un estado que forma parte de un régimen federal o cuasifederal– pueden poner en marcha. Es algo que se ha visto con claridad en los casos del País Vasco y Cataluña, donde el número de quienes apoyan la independencia sube o baja en función del discurso que sostengan en cada momento los partidos nacionalistas: el espíritu de la nación se conduce como una montaña rusa sobre los raíles de la historia.

Si se reconociese un derecho generalizado a la secesión, para colmo, estaríamos creando un incentivo perverso de consecuencias indeseables. Merced al llamado «efecto demostración», unas reclamaciones nacionales seguirían a otras y la fragmentación se haría norma; la aplicación del principio normativo nacionalista impediría construir un orden internacional estable. Ernst Gellner ya subrayó el gran contraste entre el número de naciones potenciales y el de unidades políticas viables; la Europa medieval es fértil en reinos absorbidos por los estados nacionales. Kedouri, por su parte, es claro: «La experiencia –la amarga experiencia– ha mostrado que […] la autodeterminación es un principio de desorden, no de orden, en la vida internacional». Aceptar *prima facie* la legitimidad de la secesión equivaldría a aceptar una inestabilidad política permanente; los nacionalismos del mundo entero verían en tal reconocimiento una invitación a movilizarse. Jugando con las categorías propuestas por Albert Hirschman en otro contexto, Allen Buchanan ha sostenido que un derecho de «salida» (o secesión) legalmente reconocido socavaría la «voz» de las instituciones democráticas y la «lealtad» que se les debe. La vida política se llenaría de movilizaciones, chantajes, amenazas; una democracia secuestrada por los apetitos nacionales.

También se impone la prudencia hacia los referéndums o consultas de autodeterminación. Es obvio que la pulcritud deliberativa con que se los dibuja en los textos teóricos rara vez se corresponde con sus manifestaciones prácticas. Hablar de «leyes de claridad» que pivotan alrededor de consultas no vinculantes y procesos de negociación conducidos de buena fe –como en el caso canadiense– supone ignorar la realidad de las cosas o fingir que se la ignora. En la práctica, todos los referéndums son vinculantes; una mayoría de un solo voto bastaría para crear una dinámica política cuya hipotética exigencia de mayorías cualificadas –si así se hubiera estipulado en la ley de claridad correspondiente– sería ignorada por el separatismo de turno. Y lo mismo cabe decir del proceso deliberativo previo al referéndum: cuando la identidad está en juego, la deliberación no existe. No anda desencaminado el filósofo político Daniel Weinstock cuando sostiene que los argumentos basados en la identidad son un peligro para la democracia por mor de su carácter no negociable. Hablar de la «voluntad de la mayoría» resulta por ello muy atrevido: esa mayoría puede verse contaminada por las mentiras secesionistas, las apelaciones tribales a la unidad del grupo o la desinformación de los votantes. Pero que pudiera deliberarse racionalmente tampoco bastaría para consagrar el derecho a la autodeterminación, ya que los argumentos aducidos en su contra seguirían donde están.

No obstante, los nacionalistas alegan que la restricción del derecho de autodeterminación es una limitación indebida del principio democrático: allí donde hay una mayoría, ¿no debería honrársela? Si lo que esa mayoría desea es instaurar la segregación racial o coartar la libertad de prensa, sin embargo, no diríamos lo mismo; tener la mayoría no es tener la razón. Justamente con el fin de evitar las extralimitaciones del gobierno popular, las democracias constitucionales albergan contrapesos liberales. En una sociedad pluralista organizada bajo la forma de la democracia constitucional, en definitiva, no rige el derecho a la autodeterminación. Este último solo puede entenderse como un remedio para situaciones gravemente injustas, tal como la ocupación colonial o la violación de los derechos humanos. Así lo considera asimismo el derecho internacional, que interpreta el derecho de autodeterminación –colonias al margen– como el derecho a participar democráticamente en el propio gobierno a través del voto, la intervención en el debate público o la movilización colectiva.

Se impone, con todo, una salvedad. Si en un Estado nacional hay un territorio donde existe una abrumadora mayoría favorable a la secesión que se mantiene estable en el tiempo, ¿cómo podríamos ignorarla? Hablamos de una mayoría abrumadora –en torno a los tres cuartos del censo– que no tenga naturaleza coyuntural, o sea, que no dependa del discurso cambiante de las élites ni de los acontecimientos exteriores. En este caso, el Estado nacional en cuestión no puede hacer oídos sordos a la demanda; así lo cree también Allen Buchanan, quien solo admite una secesión pacífica de carácter consensual. Esta cláusula de salvaguardia tiene un carácter factual y rara vez será de aplicación en comunidades complejas y pluralistas, donde el problema suele más bien ser la difícil relación entre mayorías sociales de magnitud similar concentradas en un solo territorio. En este sentido, lo asombroso del caso catalán es que el independentismo representa una *minoría* que ha querido imponerse a una *mayoría* contraria a la secesión. Para colmo, ha querido hacerlo so pretexto de un inexistente «derecho a decidir» y sin renunciar a ninguna de las ventajas –económicas sobre todo– asociadas a su «españolidad». A ese respecto, David Miller ha escrito que

quienes valoran la autodeterminación deben estar dispuestos a hacer sacrificios para lograrla o preservarla. Así que la pregunta normativa que debemos plantearnos es si vale la pena hacer tales sacrificios. ¿Es de verdad la autodeterminación tan importante que la gente esté dispuesta a renunciar a sus recursos, sus libertades e incluso sus vidas con tal de lograrla?

+++

En fin: sabemos de sobra que el nacionalismo, cuya fuerza procede en última instancia de un anhelo humano de pertenencia que posee raíces psicobiológicas, representa una amenaza potencial contra la convivencia y opera como un factor desestabilizador de las democracias constitucionales. Merece la pena repetirlo: en sus formas más agresivas, hace gala de una lógica plebiscitaria incompatible con el Estado de derecho y abraza un nativismo que se opone al pluralismo liberal. De hecho, el desafío al que se enfrentan hoy las democracias contemporáneas consiste en dar con un relato común para las múltiples identidades que se despliegan en su interior; el discurso excluyente de los nacionalismos esencialistas –los asuman ya quienes gobiernan en el Estado nacional, ya los representantes de los nacionalismos subestatales que se enfrentan a él– va en dirección opuesta. Pero si el secesionismo es un anacronismo indeseable, ¿cómo dar forma a comunidades políticas donde la identidad nacional cumpla una función integradora y se conjuren por igual el riesgo del nativismo y la tentación del separatismo?

4. Horizontes posnacionales

Que el nacionalismo se haya intensificado *precisamente* en un mundo globalizado, donde la digitalización de las comunicaciones y el turismo de masas coexisten con intensos flujos migratorios y la emergencia de nuevos poderes regionales, es una contradicción solo aparente. Sin duda, las culturas nacionales se encuentran hoy más próximas que nunca; nos da la impresión de que las distancias geográficas se han vuelto irrelevantes. Y puede aducirse que se va extendiendo por medio mundo algo parecido a una identidad global: Halloween se celebra en casi todas partes. Pero de ahí no se deduce que el apego por la nación esté condenado a perder su vieja fuerza de arrastre; acaso esté sucediendo justo lo contrario.

Ante todo, evitemos confundir globalización y cosmopolitismo: si lo primero supone el contacto superficial frecuente entre sujetos y productos de diversa procedencia nacional, lo que da lugar a un espacio abigarrado donde se «globalizan» manifestaciones culturales locales tales como la pizza o el *reggae*, la cosmopolitización es el proceso a través del cual emerge un tipo nuevo de subjetividad relativamente indiferente a la nacionalidad. Cuidado: aunque el número de cosmopolitas haya ido en aumento en las últimas décadas, solo lo son una ínfima parte de la población mundial. En feliz conceptualización del periodista británico David Goodhart, se trata de esos *anywheres* que pueden vivir en cualquier parte y a quienes se les oponen unos *somewheres* que necesitan enraizarse en tradiciones que perciben como «auténticas». Va de suyo que la distinción es demasiado rígida: nada impide que el individuo globalizado conserve un sentido fuerte de la identidad y bien puede el localista limitarse a defender sus tradiciones sin hacerse nacionalista.

En todo caso, las sociedades son heterogéneas: al margen de las minorías cosmopolitas que suelen habitar las grandes ciudades e incluso protestan contra su despersonalización turística, las mayorías sociales acostumbran a participar de un nacionalismo banal que solo adopta formas agresivas en momentos de excepción. Por lo demás, no hay motivo para que no nos sintamos vinculados a varias identidades superpuestas que van de lo local a lo nacional e incluso a lo geográfico-cultural: uno puede sentirse mediterráneo, escandinavo u oriental. Todavía son millones las personas que se insertan en comunidades religiosas –el cristianismo, el islam– de vocación universal. Desgraciadamente tampoco faltan, sobre todo allí donde hay fuerzas políticas que adoptan un discurso nacionalizador, quienes se adhieren a un credo nacionalista de carácter político. Estos últimos son, o bien partidarios del nacionalismo de su Estado nacional, o bien nacionalistas de un nacionalismo subestatal –Escocia, Cataluña, Córcega– que reclama autonomía o independencia para defender la integridad cultural o los intereses materiales de su «nación sin Estado».

No cabe duda de que el impacto anímico de la Gran Recesión y la debilidad relativa de los estados nacionales que se enfrentaron a ella contribuyeron al auge del nacionalpopulismo y dieron nuevas fuerzas a los nacionalismos subestatales. En un mundo cargado de incertidumbre, sacudido por la crisis demográfica y sobrecogido ante la aparición de tecnologías tan disruptivas como la inteligencia artificial, resulta poco sorprendente que proliferen unos nacionalismos que se defienden atacando. Tampoco está escrito que la protesta social deba enarbolar la bandera nacional: tanto los «chalecos amarillos» franceses como los «indignados» españoles manifestaron un descontento con las élites que –por razones distintas en cada caso– prescindía de reivindicaciones nacionalistas. Pero el pueblo del populismo suele ser también el pueblo de la nación, pues se presenta como tal; de ahí que hablemos de «nacional-populismo» a pesar de que el populismo (afirmación del buen pueblo soberano frente a la élite corrupta) y el nacionalismo (primacía de la nación etnocultural) se refieran a «ontologías» diferentes.

En cuanto al Estado nacional, ha dejado de ser lo que fue en el pasado –para melancolía de los soberanistas del mundo entero– y, sin embargo, se resiste a ceder su papel decisivo en la organización de la vida política. Hace pocas décadas todavía abundaban los análisis que describían la crisis de un Estado que perdía irremisiblemente el control de su territorio a causa de la globalización. Movimientos transnacionales de personas, capital e información; emergencia de las grandes ciudades globales; protagonismo de las poderosas empresas transnacionales y de las organizaciones no gubernamentales: todo conspiraba para debilitar el poder soberano del Estado. Pero llegaron los atentados del 11-S y la Gran Recesión: algo olía a podrido en la globalización liberal. Y los viejos estados recuperaron su vigor: a ellos se recurrió para arreglar el desaguisado financiero –que ellos mismos habían alimentado–, y se les reclama el ejercicio de la soberanía nacional como medio para poner orden en una época que nos parece avanzar sin rumbo.

Podemos consolarnos pensando que «Make America Great Again» es apenas la enésima versión de ese «¡América para los americanos!» que el Partido Americano adoptó como eslogan nativista a mediados de los años cincuenta y el Ku Klux Klan había hecho suyo en los veinte. También en Cataluña hubo un intento fallido de secesión ilegal en 1934; nada hay de novedoso en que los rusos abracen un imperialismo de base nacionalista o los británicos recelen de la integración política europea. No en vano recordaba Isaiah Berlin que los ideales universalistas de 1789 y 1848 acabaron aplastados por las pasiones nacionalistas alentadas por los sucesivos Napoleones y el propio Bismarck; idéntica suerte corrió la Revolución rusa. En suma, fue una ingenuidad pensar que la expansión de la democracia liberal podía frenar el nacionalismo; la competencia electoral, por añadidura, estimula el discurso nacionalista. Pero de nada sirve tomar nueva conciencia del peligro que representa el nacionalismo: de lo que se trata es de mitigarlo.

Políticas de la imaginación

¿Es posible fundar la legitimidad estatal sobre una base distinta a la nacional? Aunque la nación sirviera históricamente para crear estados democráticos asentados en la noción de ciudadanía, sus monstruosas deformaciones posteriores aconsejan mirar hacia otra parte. Ahí está el proyecto político europeo, donde una estructura institucional de carácter supranacional asume el ejercicio de funciones soberanas que solían atribuirse en exclusiva al Estado nacional. También los estados federales otorgan a sus regiones o nacionalidades –como sucede en España– reconocimiento simbólico y autonomía política. En ambos casos, el afecto político de la población está llamado a repartirse entre distintas «pertenencias» que idealmente se neutralizan entre sí.

En este marco, a la ciudadanía democrática le corresponde actuar como argamasa del entramado sentimental correspondiente: sujeto de derechos y deberes, el ciudadano lo sería del Estado y no de la región ni de la nación. Para Habermas, debemos mirar a la ciudadanía común y no a las propiedades culturales de la nación. Y eso que la ciudadanía, como ha puesto de relieve Dimitry Kochenov, proyecta densas sombras: mientras que el concepto abstracto de «ciudadano» remite a valores como la igualdad o la dignidad, su praxis histórica abunda en exclusiones de toda clase. Añádase a ello que la creación revolucionaria del ciudadano supone –ya lo señaló Rogers Brubaker– la invención simultánea del extranjero. Y aún hay algo más: que uno sea ciudadano nada dice sobre lo que ese ciudadano puede llegar a defender. Si el partido que gobierna el Estado se desliza por la pendiente etnocultural, el ciudadano bien puede acompañarlo.

Para conjurar este riesgo, el politólogo alemán Dolf Sternberger propuso a finales de los setenta la noción de «patriotismo constitucional», pronto difundida con entusiasmo por el propio Habermas. Su propósito era enfriar emocionalmente el vínculo de los ciudadanos con la nación: no deberíamos ser patriotas de una comunidad política definida por la cultura o la etnia, sino de la constitución democrática que reconoce derechos y libertades individuales. Y si el gobierno de la nación «real» se desvía del ideal plasmado en el texto constitucional, el ciudadano debe fidelidad a este último; la nación importa menos que los valores que la fundamentan. Aun tratándose de una idea que debe mucho al traumático pasado alemán, las dificultades que plantea su aplicación práctica en cualquier lugar son evidentes: las banderas provocan emociones con mayor facilidad que los principios constitucionales. ¿Y acaso no muestra el auge de los populismos que a las fuerzas iliberales les cuesta poco lograr la adhesión de los votantes? Bien está sostener que deberíamos conducirnos como patriotas constitucionales; nos vemos obligados a reconocer que rara vez lo hacemos.

Pero no solo el patriotismo constitucional se enfrenta a semejante objeción; el patriotismo a secas se topa también con ella. Ya se ha mencionado que incluso un ironista como Richard Rorty acabó por defender que es imprescindible alguna forma de orgullo nacional para alcanzar el cambio social; ante la fragmentación particularista, el pensador norteamericano pedía una «retórica de lo común» que subraye lo que nos une en vez de ahondar en lo que nos separa. Sin embargo, Rorty no aclaraba cómo puede evitarse que el compromiso del patriota conduzca a situaciones indeseables: tanto el partidario del Brexit como el impulsor del *procés* se consideraban a sí mismos patriotas irreprochables. Y es que si el patriotismo es –según dicen Charles Jones y Richard Vernon– un amor por el país propio que comporta una atención preferente al bienestar de nuestros compatriotas, la posibilidad de su degeneración excluyente resulta patente.

Concretemos: el filósofo comunitarista Alasdair MacIntyre sostiene que el amor a la patria es el amor a una comunidad intergeneracional que se erige en nuestro punto de partida moral; no podemos entendernos como individuos sin situarnos en el interior del relato histórico de nuestra comunidad. De manera que un país no es un simple receptáculo contingente de creencias o valores universales, como querrían los patriotas constitucionales; afirmar tal cosa supone perder de vista la tradición que uno hereda cuando viene al mundo. Aquí está el núcleo del problema: si solo podemos ser «patriotas» de lo que es nuestro, ¿por qué es más apropiado reconocer los logros pasados de nuestro país que los de cualquier otro? ¿Acaso somos mejores que los demás? ¿O simplemente valoramos lo nuestro *porque* es nuestro? El valor del patriotismo parece depender de los valores de nuestro país, pero los valores que cuentan –de la justicia a la libertad– no son valores *nacionales*, sino valores *universales* que conocen encarnaciones particulares.

Resolver la tensión entre el hecho de la pertenencia (local) y el valor (universal) que atribuimos a los principios liberal-democráticos no parece fácil. Y ello se debe al papel que la contingencia del nacimiento –que siempre se produce en el interior de una comunidad particular– desempeña en la formación de nuestra identidad; a la circunstancia azarosa del nacimiento obedece la trama de afectos que nos *empujan* en una dirección en lugar de otra. Por eso cabe hablar de afectos nacionales; porque no elegimos sentirnos conmovidos ante la presencia de lo que nos es o ha sido propio. Lejos de ser libres para elegir lo que queremos ser, escribe Appiah, nos vemos pertrechados con identidades que nos hablan con una voz interior; también nuestros compatriotas nos plantean demandas asociadas a la identidad que compartimos con ellos. Persuadido de que los seres humanos nacen libres e iguales, observa Yack, al liberal le cuesta reconocer el papel de la contingencia y su influjo sobre nuestras biografías. ¡Correcto! Pero de ahí no se sigue que el nacionalista o el conservador tengan toda la razón: ¿acaso no somos capaces de relacionarnos con nuestra identidad de manera reflexiva, tomando conciencia de su naturaleza contingente y negociando con ella para evitar que se convierta en un destino insoslayable?

Si los individuos no pueden emanciparse por completo de su identidad y la nación ha demostrado ser un fundamento duradero de las colectividades políticas modernas, quizá solo podemos esforzarnos por construir las naciones de forma pluralista y liberal. Ya vimos que cualquier relato nacional es el producto de una labor de selección: así como el enfoque *primordialista* se equivoca cuando describe a las naciones como esencias ancestrales que atraviesan la historia, la tesis *modernista* que considera la nación como un mero artificio desvinculado de cualquier realidad objetiva se antoja igualmente desacertada. Más convincente resulta el modelo *etnosimbolista*, conforme al cual la nación se construye mediante la combinación de elementos culturales, históricos y lingüísticos preexistentes. Porque los nacionalismos no siempre dicen la verdad: ni el Cid Campeador es lo que contaba el franquismo a los españoles, ni la guerra de Sucesión es lo que el nacionalismo asegura a los catalanes. Esto explica que cualquier nación conozca versiones dispares; todas ellas pueden contarse a sí mismas de distintas formas, con un relato que tal vez esté lleno de mentiras.

Desde luego, se antoja preferible hacer descansar la legitimación del poder estatal sobre una base racional antes que etnocultural. Pero ni podemos dejar de institucionalizar relatos colectivos, ni cabe erradicar del todo su potencial virulento; ese dilema constituye, señala Rogers Smith, una de las tragedias de la vida humana. Así que más nos conviene relatar historias que *atenúen* las pasiones de la pertenencia e *inhiban* las correspondientes pulsiones nacionalistas, creando una identidad colectiva subordinada a la realización de valores liberal-democráticos tales como la aceptación del pluralismo o el ejercicio de una igual libertad individual. ¡Por pedir, que no quede! Ahí está el caso de Singapur, al que recurre Appiah para demostrar que el fomento estatal de una identidad cerrada no es ni mucho menos obligado para quien se pone a hacer nación: su fundador, Lee Kuan Yew, quiso difundir desde el primer momento un ideal multirracial, multirreligioso y multicultural como base de la identidad colectiva de la pujante ciudad Estado. ¡Bravo! Sin embargo, lo que distingue a Singapur –régimen semiautoritario más que democrático– no es la proclamación de un ideal que encontramos bajo formas distintas en muchas constituciones liberales, sino la exitosa asimilación social del mismo.

Todas las naciones combinan elementos étnicos y cívicos; lo que las diferencia es que se haga hincapié en unos u otros. O bien: cuando hablamos de naciones cívicas y étnicas no *describimos* realidades, sino que *prescribimos* la manera en que la nación habría de concebirse a sí misma. Igual que hay países donde las emociones asociadas a la nacionalidad se emplean para dar forma a un Estado liberal razonablemente neutral, otros promueven sentimientos agresivos de pertenencia que dan lugar a comunidades obsesionadas con la identidad. Mientras la nación cívica se apoya en los elementos étnicos o históricos de manera débil, asumiendo el pluralismo característico de las sociedades contemporáneas y reconociendo sin ambages las diferencias culturales, la nación étnica sitúa esos rasgos culturales en primer plano y desarrolla procesos nacionalizadores «fuertes» cuyo objetivo es la homogeneización cultural del territorio.

En definitiva, ya que toda nación es una comunidad imaginada, resulta más saludable *imaginarse* como nación cívica que hacerlo como nación étnica. Porque el ideal cívico es superior al étnico; lo es desde el punto de vista de la inclusión democrática, el respeto a la libertad individual y la preservación del pluralismo. Mientras la democracia liberal siga necesitando una fundamentación nacional, esforcémonos por imaginar una nación que garantice a los individuos la libertad necesaria para decidir qué sentimiento de pertenencia quieren cultivar y de qué manera desean relacionarse con los distintos elementos de la cultura nacional –heterogénea por definición– en cuyo interior han nacido.

Especie humana e ideal cosmopolita

De lo anterior no se sigue que hayamos de renunciar a otras formas de autorrepresentación colectiva. Así como ya existían las «comunidades imaginadas» antes de que aparecieran las naciones, pues comunidades imaginadas son también la cristiandad o el imperio, nada nos impide promover identidades suplementarias que nos ayuden a trascender las diferencias étnicas y culturales en beneficio de la convivencia pacífica. Jacob Mikanowski, por ejemplo, ha defendido que «Europa oriental» fue una realidad todavía reconocible durante los años del comunismo soviético: una vasta región dotada de una larga historia e identidad propia, caracterizada por una diversidad étnica y religiosa que sus habitantes interiorizaban de manera natural. También hay quienes se conciben como partícipes de la cultura mediterránea, o quienes se ven a sí mismos como miembros de una amplia comunidad iberoamericana.

Reaparece así la pregunta acerca del ideal cosmopolita: la suprema indiferenciación de los seres humanos sobre la base de su común pertenencia a la misma especie. Esta vieja aspiración, cuyos orígenes intelectuales se remontan a la antigua Grecia y remiten a la figura de Diógenes de Sinope, nunca se ha materializado en una comunidad política global. Pero eso no impide que la mayor parte de los individuos sean hoy conscientes de que pertenecen a la misma especie y habitan el mismo *kosmos* que los demás, pese a que no faltan quienes –esclavistas, racistas, xenófobos– se empeñen en negar tal evidencia. Esa conciencia no tiene por qué plasmarse en un modelo de conducta, ni generar sentimientos de adhesión a la humanidad en su conjunto; descartar que eso pueda suceder, empero, se antoja excesivamente derrotista.

Durante la pandemia del coronavirus se hicieron declaraciones contradictorias sobre el futuro del cosmopolitismo: mientras algunos lamentaban su «muerte» a causa del cierre de fronteras y el egoísmo nacional, otros expresaban su deseo de que la crisis diera origen a una identidad colectiva basada en el reconocimiento de que los problemas globales requieren esfuerzos globales. Ambigua realidad: un mismo acontecimiento fue percibido a la vez como un grave obstáculo para la cosmopolitización y como su potencial estímulo. Pero lo cierto es que el sociólogo Ulrich Beck ya señaló a finales del siglo pasado que los riesgos globales pueden hacernos ver que formamos parte de una sola «comunidad de destino»: la de quienes vivimos expuestos a los peligros creados de manera imprevista por el progreso tecnocientífico. Se ha dicho así que las amenazas ecológicas globales están transformando la percepción que el sujeto humano tiene de sí mismo. Y, aunque tal vez sea una apreciación demasiado optimista, Jo-Anne Pemberton ha mostrado que el intento de identificar la modernidad con algún tipo de conciencia global ha sido un rasgo definitorio de la vida intelectual desde el siglo XIX: ni corto ni perezoso, Auguste Comte llegó a proponer una «religión de la humanidad» de carácter secular. ¡Todos hablaríamos esperanto!

Preguntémonos entonces si en nuestros días se dan las condiciones que permiten relanzar el ideal cosmopolita –sin incurrir en expectativas desmesuradas– recurriendo a una argumentación novedosa. Veamos: ¿por qué no dar la vuelta al ideario supremacista difundido por quienes establecen diferencias *biológicas* entre distintos grupos humanos? Que hoy vivamos en el Antropoceno –esa «época humana» definida por un cambio medioambiental global de origen antropogénico– permite sostener exactamente lo contrario: que todos somos seres biológicos antes que cualquier otra cosa. Puede derivarse de aquí un cosmopolitismo que, a diferencia de lo que sucede con sus versiones modernas, prescinde de la razón como fundamento de la humanidad común. Y no es mala idea; aunque parezca lo contrario.

Al fin y al cabo, el racionalismo de los ilustrados hizo posible la creación de jerarquías interiores en la humanidad: el predicado abstracto de la igualdad convivió en la práctica con una separación entre civilizados y salvajes que compelía a los primeros a sojuzgar «por su propio bien» a los segundos. A la luz de los estragos causados por la dominación colonial, no es de extrañar que la reputación del universalismo de raigambre humanista haya quedado seriamente empañada. Sostener que todos somos habitantes del mismo *kosmos* en tanto que miembros de la misma especie biológica, por el contrario, permite recuperar una concepción premoderna de la humanidad que hoy quizá nos resulte útil. Tal como señala el historiador conceptual Hans Bödeker, el término «humanidad» designaba entre los siglos XIV y XVIII tanto la naturaleza de los seres humanos como la colectividad a la que pertenecen; fue con la posterior secularización como adquirió este concepto teológico –referido a la masa de seres humanos creados iguales por la divinidad– un significado mundano asociado a la racionalidad.

Atención: que nos ciñamos a la condición biológica del ser humano es, naturalmente, una simplificación deliberada que desemboca en una versión minimalista del cosmopolitismo. Y tiene razón Martha Nussbaum cuando señala que cualquier acuerdo cosmopolita debe reconocer el hecho de que los seres humanos son diferentes entre sí; la indiferenciación de base biológica podría resultar problemática. Sin embargo, la humanidad puede contemplarse *simultáneamente* como una especie biológica unificada y como una colectividad social diferenciada en su interior. Adoptar el punto de vista de la especie no supone incurrir en el esencialismo (ya que se reconoce la variabilidad cultural del ser humano) ni el ahistoricismo (tanto los seres humanos como su entorno cambian a lo largo del tiempo). De hecho, no hay nada excluyente en un cosmopolitismo basado en la especie; se trata de una caracterización positiva de los seres humanos como miembros de la misma comunidad.

Huelga añadir que este sujeto global –la humanidad– todavía no existe y quizá nunca llegue a existir. Pero, como matiza Ursula Heise, ocurre igual con las naciones o las clases sociales: solo por medio de instituciones, leyes, símbolos y formas de retórica se transforman esas categorías abstractas en marcos significativos de experiencia. Ciertamente, no cabe esperar demasiado en este terreno; ni existe un gobierno mundial ni se lo espera. Más prometedora se antoja la paulatina cosmopolitización cultural: la revolución digital, los flujos migratorios y el turismo de masas han hecho el mundo más pequeño. Y aunque el contacto entre distintas culturas genera una fricción a menudo problemática, también trae consigo una hibridación que nos orienta –mezclándonos– hacia la sociedad-mundo del mañana.

Ningún partidario del cosmopolitismo puede hacerse demasiadas ilusiones: la humanidad tiene escasos partidarios y el auge nacionalista de nuestros días viene a recordarnos la dificultad que comporta la noble tarea del cosmopolita. Al igual que sucede con la idea cívica de la nación, la tarea de su popularización resulta ardua. Pero no hay que tener prisa: la única esperanza de los ironistas melancólicos reside en una «ilustración lenta» que trabaja a su manera. ¡Paciencia!

Referencias

Abellán, Joaquín, *Nación*, Madrid, Alianza, 2024.

Álvarez Junco, José, *Mater Dolorosa: la idea de España en el siglo* XIX, Barcelona, Taurus, 2001.

Anderson, Benedict, *Imagined Communities: Reflections on the Origin and Spread of Nationalism*, Londres, Verso, 1991.

Appiah, Kwame, *The Ties That Bind: Rethinking Identity*, Londres, Profile Books, 2019.

Baycroft, Timothy, y Mark Hewitson, «Introduction», en T. Baycroft y M. Hewitson, *What is a Nation? Europe 1789-1914*, Oxford, Oxford University Press, 2006, pp. 1-13.

Beck, Ulrich, *World Risk Society*, Cambridge, Polity, 1999.

Berlin, Isaiah, *Nacionalidad y nacionalismo*, Madrid, Alianza, 2022.

Billig, Michael, *Banal Nationalism*, Londres, Sage, 1995.

Bödeker, Hans, «Menschheit, Humanität, Humanismus», en O. Brunner, W. Konze y R. Koselleck (eds.), *Geschitliche Grundbegriffe. Historisches Lexikon zur politisch-sozialen Sprache in Deutschland*, vol. 3, Stuttgart, Klett-Cotta, 1972, pp. 1063-1128.

Breuilly, John, *Nationalism and the State*, Manchester, Manchester University Press, 1993.

Brubaker, Rogers, *Citizenship and Nationhood in France and Germany*, Cambridge, Harvard University Press, 1992.

Buchanan, Allen, «Theories of Secession», *Philosophy and Public Affairs*, n.º 26 (1997), pp. 31-61.

Clark, Christopher, *Primavera revolucionaria: la lucha por un mundo nuevo, 1848-1849*, Barcelona, Galaxia Gutenberg, 2024.

Comte, Auguste, *Discurso sobre el espíritu positivo*, Madrid, Alianza, 2017.

Connor, Walker, «When is a Nation?», *Ethnic and Racial Studies*, 13(1), pp. 92-103.

Conrad, Joseph, *Notes on Life and Letters*, Nueva York, Doubleday, 1921.

DuVal, Kathleen, *Native Nations: A Millennium in North America*, Nueva York, Random House, 2024.

Fernández Sebastián, Javier, *Historia conceptual en el Atlántico ibérico: lenguajes, tiempos, revoluciones*, Madrid, Fondo de Cultura Económica, 2021.

Fichte, Johann Gottlieb, *Discursos a la nación alemana*, Madrid, Tecnos, 1988.

Fichte, Johann Gottlieb, *Sobre la capacidad lingüística y el origen de la lengua*, Madrid, Tecnos, 1996.

Gat, Azar (con Alexander Yakobson), *Nations. The Long History and Deep Roots of Political Ethnicity and Nationalism*, Cambridge, Cambridge University Press, 2013.

Gellner, Ernst, *Nations and Nationalism*, Oxford, Blackwell, 1983.

Goodhart, David, *The Road to Somewhere. The New Tribes Shaping British Politics*, Londres, Penguin, 2017.

Habermas, Jürgen, «Citizenship and National Identity: Some Reflections on the Future of Europe», en R. Beiner (ed.), *Theorizing Citizenship*, Albany, Suny Press, 1995, pp. 255-281.

Hazoni, Yoram, *The Virtue of Nationalism*, Nueva York, Basic Books, 2018.

Hayes, Carlton, *The Historical Evolution of Modern Nationalism*, Nueva York, The Macmillan Co., 1931.

Heise, Ursula, *Imagining Extinction: The Cultural Meanings of Endangered Species*, Chicago, The University of Chicago Press, 2017.

Herder, Johann, *Ensayo sobre el origen del lenguaje y otros textos*, Barcelona, Gredos, 2015.

Hobsbawm, Eric, «The Nation as Invented Tradition», en J. Hutchinson y A. Smith (eds.), *Nationalism*, Nueva York, Oxford University Press, 1994, pp. 76-82.

Immerwahr, Daniel, *How to Hide an Empire: A History of the Greater United States*, Nueva York, Farrar, Strauss & Giroux, 2019.

Jones, Charles, y Richard Vernon, *Patriotism*, Cambridge, Polity, 2018.

Judt, Tony, *Posguerra: una historia de Europa desde 1945*, Barcelona, Taurus, 2006.

Kane, John, «Nationalism», en M. Gibbons (ed.), *Encyclopedia of Political Thought*, Malden, Wiley-Blackwell, 2015, pp. 2495-2508.

Kedourie, Elie, *Nacionalismo*, Madrid, Alianza, 2015.

Kochenov, Dimitry, *Citizenship*, Cambridge y Londres, The MIT Press, 2019.

Kohn, Hans, *The Idea of Nationalism: A Study in its Origins and Background*, Abingdon, Routledge, 2005.

Koselleck, Reinhart, «Einleitung», en O. Brunner, W. Konze y R. Koselleck (eds.), *Geschitliche Grundbegriffe. Historisches Lexikon zur politisch-sozialen Sprache in Deutschland*, vol. 3, Stuttgart, Klett-Cotta, 1972, pp. xiii-xxviii.

Koselleck, Reinhart, *Futuro pasado: para una semántica de los tiempos históricos*, Barcelona, Paidós, 1993.

Krastev, Ivan, «Central Europe is a lesson to liberals: don't be anti-nationalist», *The Guardian*, 11 de julio de 2018.

Lowe, Keith, *Continente salvaje: Europa des-*

pués de la *Segunda Guerra Mundial*, Barcelona, Galaxia Gutenberg, 2023.

MacIntyre, Alasdair, «Is Patriotism a Virtue?», en R. Beiner (ed.), *Theorizing Citizenship*, Albany, SUNY Press, 1995, pp. 209-228.

Mancini, Pasquale, *Sobre la nacionalidad*, Madrid, Tecnos, 1985.

Manent, Pierre, *La razón de las naciones: reflexiones sobre la democracia en Europa*, Madrid, Escolar y Mayo, 2009.

Mikanowski, Jacob, *Goodbye Eastern Europe: An Intimate History of a Divided Land*, Londres, Oneworld, 2023.

Mill, John Stuart, *Consideraciones sobre el gobierno representativo*, Madrid, Alianza, 2019.

Miller, David, *On Nationality*, Oxford, Oxford University Press, 1995.

Miller, David, *Is Self-Determination a Dangerous Illusion?* Cambridge, Polity, 2020.

Milton, Giles, *Paradise Lost: Smyrna 1922. The Destruction of Islam's City of Tolerance*, Londres, Hodder & Stoughton, 2008.

Montesquieu, *Del espíritu de las leyes*, Madrid, Tecnos, 2007.

Mostow, Julie, «Nation-State», en M. Gibbons (ed.), *Encyclopedia of Political Thought*, Malden, Wiley-Blackwell, 2015, pp. 2477-2490.

Nairn, Tom, *The Break-Up of Britain: Crisis and Neo-Nationalism*, Londres, Verso, 1981.

Nussbaum, Martha, *The Cosmopolitan Tra-*

dition: *A Noble but Flawed Ideal*, Cambridge y Londres, The Belknap Press, 2019.

Osterhammel, Jürgen, *La transformación del mundo*: *una historia global del siglo XIX*, Barcelona, Crítica, 2015.

Pemberton, Jo-Ann, *Global Metaphors. Modernity and the Quest for One World*, Londres, Pluto Press, 2001.

Reinhard, Wolfgang, *Geschichte der Staatsgewalt. Eine vergleichende Verfassungsgeschichte Europas von der Anfangen bis zur Gegenwart*, Múnich, C. H. Beck, 1999.

Renan, Ernest, *¿Qué es una nación? Cartas a Strauss*, Madrid, Alianza, 1987.

Rorty, Richard, *Achieving Our Country*, Cambridge y Londres, Harvard University Press, 1998.

Rousseau, Jean-Jacques, *Proyecto de Constitución para Córcega. Consideraciones sobre el Gobierno de Polonia y su proyecto de reforma*, Madrid, Tecnos, 1988.

Rousseau, Jean-Jacques, *Del contrato social*, Madrid, Alianza, 2012.

Seton-Watson, George H., *Nation and State*, Londres, Methuen & Co., 1977.

Smith, Anthony D., *The Ethnic Origins of Nations*, Oxford, Blackwell, 1986.

Smith, Rogers M., *Stories of Peoplehood: The Politics and Morals of Political Memberships*, Cambridge, Cambridge University Press, 2003.

Sternberger, Dolf, *Verfassungspatriotismus*, Frankfurt, Insel, 1990.

Villacañas, José Luis, *Historia del poder político en España*, Barcelona, RBA, 2023.

Waldron, Jeremy, «Two Conceptions of Self-Determination», en S. Besson y J. Tasioulas (eds.), *The Philosophy of International Law*, Oxford, Oxford University Press, 2010, pp. 307-413.

Weber, Eugen, *De campesinos a franceses: la modernización del mundo rural, 1870-1914*, Barcelona, Taurus, 2023.

Weber, Max, «Comunidades étnicas», en *Economía y sociedad*, Ciudad de México, Fondo de Cultura Económica, 2014, pp. 517-529.

Weber, Max, «Las comunidades políticas», en *Economía y sociedad*, Ciudad de México, Fondo de Cultura Económica, 2014, pp. 1086-1095.

Weinstock, Daniel, «Is Identity a Danger to Democracy?», en A. Pavkovic e Igor Pimoraz (ed.), *Identity, Self-Determination and Seccesion*, Londres, Routledge, 2018, pp. 15-26.

Yack, Bernard, *Nationalism and the Moral Psychology of Community*, Chicago y Londres, The University of Chicago Press, 2012.